Wine
Interview

CONVERSATIONAL GUIDE
GUIDE DE CONVERSATION
ENGLISH-FRENCH

Vignerons, Cavistes, Sommeliers, les passeurs de connaissances.

LÆTITIA PERRAUT
©décembre 2001
dépôt légal décembre 2001
ISBN 2-9515018-1-1

24, rue Balzac
92600 Asnières FRANCE
e-mail : laetitia.perraut @wanadoo.fr

Les vignobles de France

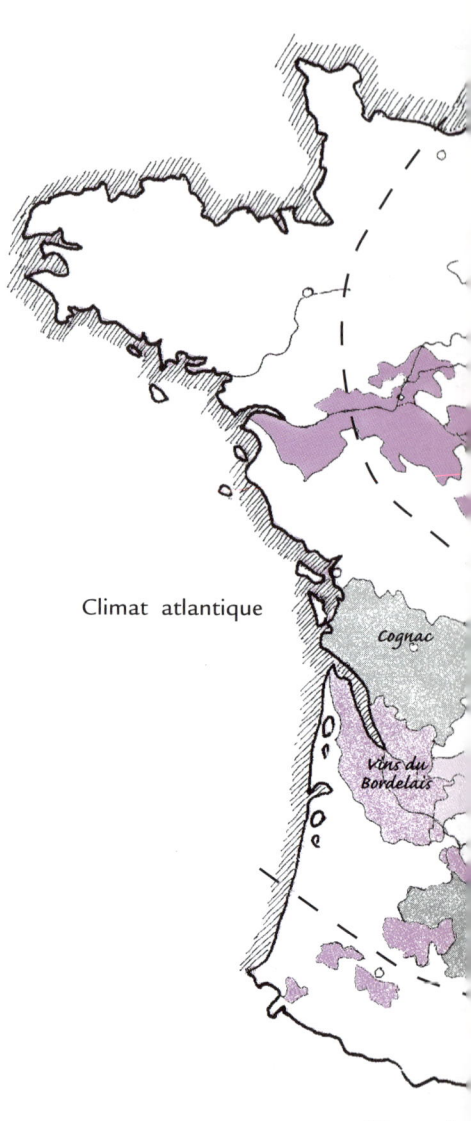

Climat atlantique

Cognac

Vins du Bordelais

Climat alp

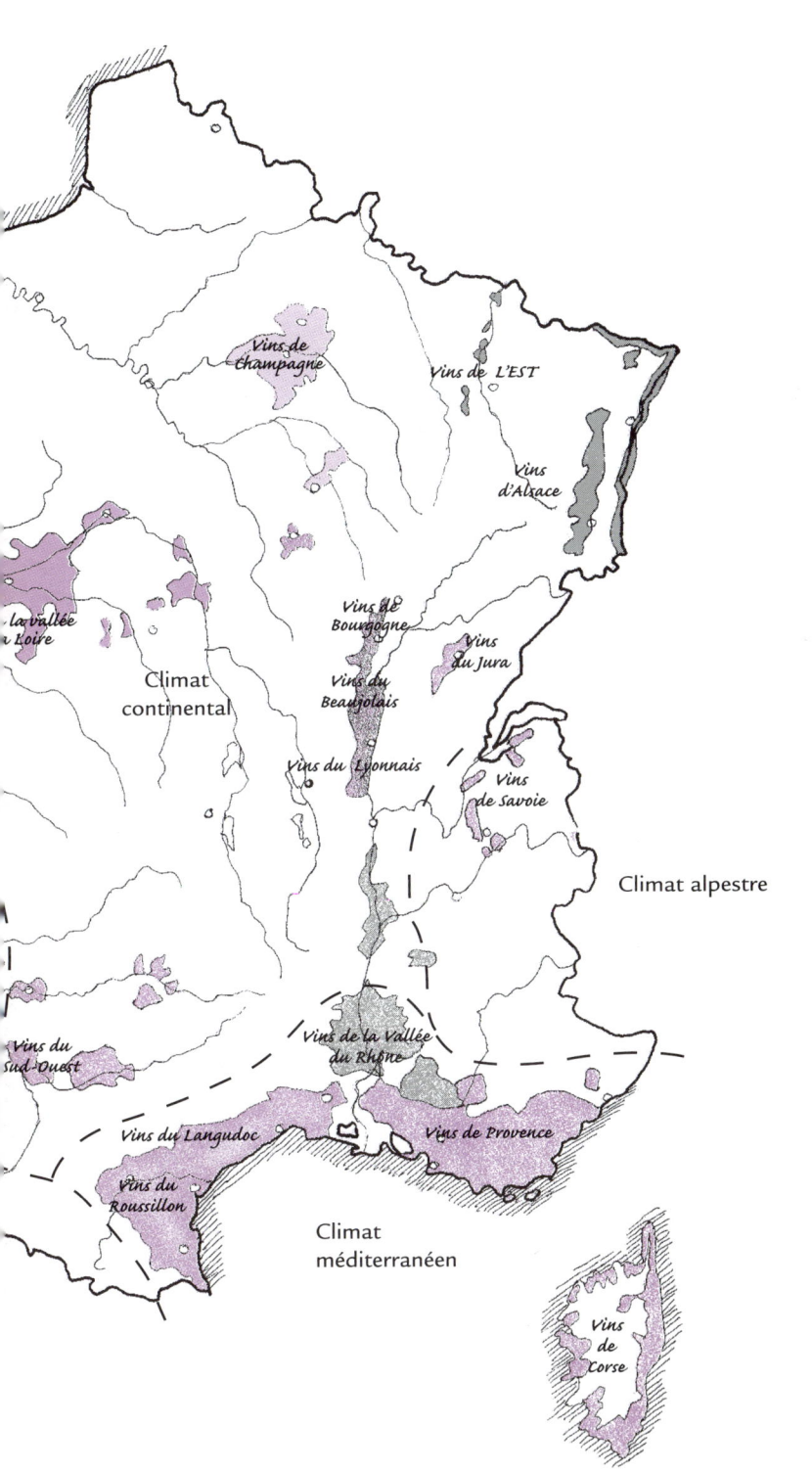

Introduction

L'idée de ce livre m'est venue en dédicaçant mon premier ouvrage, "Déguster et vendre le vin en anglais", à un couple de touristes surpris de m'avoir entendu dire que chaque vin portait une histoire : "Nous ne savions pas que l'on pouvait se faire raconter l'histoire d'un vin".

Ce livre est en quelque sorte une réponse à cette surprise. L'histoire d'un vin est celle que lui ont façonnée un homme et un terroir. L'homme par sa passion et ses choix, le terroir par sa géologie, son climat, sa rencontre avec un cépage. Il y a aussi tous les événements climatiques d'une année, comme autant de fées bonnes ou mauvaises penchées au dessus du berceau d'un petit grain de raisin. L'histoire d'un vin est écrite en lui-même, dans sa robe, dans ses arômes et dans ses saveurs. Mais elle commence par les paroles et les informations que peuvent nous transmettre un professionnel du vin, qu'il soit vigneron, caviste ou sommelier. Ils sont les passeurs de ces images, de ces mots et de ces sensations qui vont nous faire voyager, nous faire basculer dans un monde de subtilité, éveiller en nous le plaisir d'une dégustation.

J'ai conçu ce livre sous forme de guide de conversation pour permettre à chacun de dialoguer avec les professionnels du vin tout en développant ses connaissances et son sens critique. Le cours des conversations, tel qu'il est mis en scène, n'a pas

Introduction

The idea for this book came to me while signing a copy of my first work, *Tasting and selling wine in English*, for a couple of tourists surprised to have heard me saying that each wine had a story to tell. "We didn't know that one could be told the story of a wine."

This book is in a way a response to that surprise. The story behind a wine is one which has been shaped for it by a man and a *terroir*. The man through his enthusiasm and his choices, the terroir with its geology, its climate, and its encounter with the grape variety. There are also all the climatic events throughout the year, like so many good or bad fairies hovering over the cradle of a little grape. The history of a wine is written in itself, in its colour, in its aromas and in its flavour. But it all begins with words and information as passed on to us by a wine professional, be they a wine grower, a wine retailer or a *sommelier*. These are the bearers of such images, of such words and of such sensations as are going to take us on a voyage, to make us fall headlong into a world of subtlety, and arouse in us the pleasure of a tasting.

I have conceived this book in the form of a guide to enable each reader to enter into conversation with the wine professionals while developing both a knowledge and a critical faculty. These conversations are presented not as a kind of straightjacket to confine the readers, but rather a supple frame-

pour objectif de constituer un carcan rigide qui enfermerait le lecteur, mais au contraire une trame souple qui lui permettra d'évoluer avec aisance dans ses propres rencontres, dans ses propres entretiens.

Le livre comporte également de courts récits ainsi que des interviews donnant la parole à des professionnels intéressés par mon projet et qui m'ont très gentiment accordés de leur temps précieux pour que le voyage commence à travers leurs mots.

J'ai plaisir, enfin, à remercier tous ceux qui m'ont soutenue et accompagnée dans ce projet passionnant et en particuliers :

Jean-Louis Bouigues pour son enthousiasme et son aide précieuse,

Alexandra Marchetti et Ruth Rabilloud pour leurs corrections,

Amina Moufakkir pour son œil de lynx sur la partie en français,

Kevin EDM. Desmond, écrivain et traducteur à Lignan de Bordeaux, pour la traduction des interviews et des explications,

William Rodarmor, journaliste et traducteur à Berkeley, Californie (Etats-Unis), pour la traduction des historiettes,

et mon père, Michel, qui a créé la maquette et réalisé les illustrations de ce livre.

work to enable them to progress with ease in their own encounters, in their own discussions.

The book also includes short stories as wells as interviews with professionals interested in my project and who have very kindly granted me their precious time so that the voyage might begin through their words.

Finally I have pleasure in thanking all those who have supported and accompanied me in this fascinating project and in particular:

Jean-Louis Bouigues for his enthusiasm and his precious help,

Alexandra Marchetti and Ruth Rabilloud for their corrections,

Amina Moufakkir for her sharp eye on the French section,

Kevin EDM Desmond, writer and translator in Lignan de Bordeaux, for the translation of interviews and explanations,

William Rodarmor, journalist and translator in Berkeley, California (USA) for the translation of the little stories,

and my father Michel, who created the layout and the illustrations for this book.

Sommaire

Chez le vigneron

page 10

1

Chez le caviste

page 90

2

Au restaurant

page 116

3

La dégustation

page 146

4

Contents

1. With the winegrower

page 10

2. At the caviste's

page 90

3. At the restaurant

page 116

4. The tasting

page 146

Chez le vigneron

DANS LA COUR	**12**
Explications	14
Le domaine	16
PROMENADE DANS LES VIGNES	**18**
Explications	20
Conduite de la vigne	22
Les vendanges	26
UN VERRE A LA MAIN	**28**
Un verre à la main	30
Explications	32
Les choix du vigneron	34
Explications	36
Vinification	38
Vinification des vins rouges	40
Vinification des vins blancs	42
Fermentation alcoolique	44
Les vins rosés	46
Les vins liquoreux	47
Les vins de liqueur	47
Les vins doux naturels	47
NUANCES ET EXPRESSIONS	**48**
Explications	50
Fermentation malolactique	52
Elevage	52
Assemblages	56
Mémoire et garde du vin	56
LE CHAMPAGNE	**58**
Explications	58
Le Champagne	60
Fin de la visite	64
Lexiques	65
INTERVIEWS	**68**
Eric Janin	68
Nicole Moncuit	82

Promenade dans les vignes

With the winegrower

IN THE COURTYARD	**13**
Explanations	*15*
The Estate	*16*
A walk in the vineyard	**19**
Explanations	*21*
Training the vine	*22*
Harvesting	*26*
A GLASS IN HAND	**29**
A glass in hand	*30*
Explanations	*33*
The choices made by the winegrower	*34*
Explanations	*37*
Vinification	*38*
Vinification of red wines	*40*
Vinification of white wines	*42*
Alcoholic fermentation	*44*
Rosé wines	*46*
Liquoreux wines	*47*
Vins de liqueur	*47*
Vins doux naturels	*47*
NUANCES AND EXPRESSIONS	**49**
Explanations	*51*
Malolactic fermentation	*52*
Maturing	*52*
Blending	*56*
Wine memory and cellaring	*56*
CHAMPAGNE	**59**
Explanations	*59*
Le Champagne	*60*
The visit's end	*64*
Glossary	*65*
INTERVIEWS	**69**
Eric Janin	*69*
Nicole Moncuit	*83*

Le jour tant attendu est arrivé, et là, maintenant, vous entrez sur son domaine...

Dans la cour...

Cette année, vous avez choisi de passer vos vacances en France, dans une région viticole. Il y a quelques jours, vous avez téléphoné à un vigneron et pris rendez-vous pour une visite. Le jour tant attendu est arrivé, et là, maintenant, vous entrez sur son domaine.

C'est une belle journée d'été. Dans la cour du bâtiment, le propriétaire des lieux vient à votre rencontre. C'est un homme ou une femme qui s'appelle peut-être Jean-Louis ou Sylvie.

Cette personne qui vous accueille gentiment, qui vous serre la main, cultive une terre, conduit une vigne, en tire un vin après des mois entiers de travail et de vie rythmés par le climat de la région. Il y a beaucoup à se faire raconter, vous le sentez déjà.

Le soleil tape fort, votre petit groupe se dirige vers un coin d'ombre :
"on sera mieux pour parler". Les présentations faites, on se regarde un peu intimidé. A quelques mètres de vous le vignoble s'étend.

"Ce sont vos vignes là-bas ?"
"Oui, ce sont nos vignes, elles sont dans la famille depuis plusieurs générations. La conversation s'engage : on parle du domaine, de son histoire, de sa superficie, de sa situation dans la région, des vins produits, on évoque les vignes, les différents cépages et on parle aussi de la terre, du mode de culture choisi..."

"Pouvons-nous déguster quelques uns de vos vins ?" demandez-vous, impatient de mettre des sensations sur ces paroles.

"Oui, oui, bien sûr", répond votre hôte, mais si vous voulez, nous pourrions commencer par une promenade dans les vignes, pour toucher le raisin, toucher la terre ?

The much-anticipated day has arrived, and you have arrived at the domaine on a beautiful summer morning…

In the courtyard

This year, you decided to spend your vacation in France, in a wine-growing area. A few days ago, you telephoned a local winemaker and scheduled a visit.

The much-anticipated day has arrived, and you have arrived at the domaine on a beautiful summer morning. In the building's courtyard, the owner comes to meet you. It could be a man or a woman, with a name like Jean-Louis or Sylvie, who welcomes you kindly and shakes your hand.

This is someone who works the soil, raises grapes, and, after long months of work and life responding to the rhythm of the region's climate, produces wine. You already sense that you are going to be told many things. The sun is hot, and your little group heads for a shady spot, "the better to talk." Once everyone is introduced, you all look at each other, feeling a bit shy. The vineyard begins a few yards away.
"Are those your grapes over there?"
"Yes, they are. They have been in my family for several generations."

The conversation gets underway. You talk of the *domaine*, its history, its size, its location in the region, the wines it produces. You talk about grapes, about different varietals, about soil and growing techniques, and about *terroir*, that semi-mystical French sense of the soil that certain grapes should only grow in certain places.

"Could we taste a few of your wines?" you ask, eager to match sensations to words.
"Yes, of course," answers your host. "But if you don't mind, let's start with a walk through the vineyard, to touch the grapes, and touch the soil."

WITH THE WINEGROWER

Quelques explications...

- **Terroir**
  Combinaison sur un site particulier d'une géologie et d'un micro-climat.
- **Cru**
  Désigne l'endroit où «croît» la vigne, on boit le vin issu d'un cru. Certains crus font l'objet d'une classification. En Bourgogne, on parle de «climat».
- **Millésime**
  Année de la vendange avec laquelle a été produite un vin.
- **Appellation d'origine contrôlée - A.O.C.**
  Dénomination géographique dont un vin est originaire qui reconnaît une aire géographique délimitée, l'adéquation d'un ou plusieurs cépages et un savoir-faire local. Un vin peut porter une appellation d'origine contrôlée s'il satisfait après analyse et dégustation aux règles élaborées spécifiquement pour l'appellation par l'I.N.A.O (Institut National des Appellations d'Origines Contrôlées). Une A.O.C peut délimiter une région, une sous-région, une commune ou un cru.
  Exemple :

Région	Appellation Contrôlée Bourgogne
Sous-région	Appellation Contrôlée Côtes de Nuits
Village	Appellation Contrôlée Gevrey-Chambertin
1er Cru	Appellation Contrôlée Gevrey-Chambertin 1er cru
Grand Cru	Appellation Contrôlée Gevrey-Chambertin Grand cru

- **Les autres appellations**
  L'Appellation d'Origine Contrôlée est la classification la plus restrictive de la législation du vin en France. Viennent ensuite par ordre décroissant de restriction :
  Les vins délimités de qualité supérieure (VDQS)
  Vins de pays (vins de table avec indication de provenance)
  Vins de table
  Attention ! Un vin portant une classification moins prestigieuse ne signifie pas qu'il est forcément moins bon. Il peut aussi être l'œuvre d'un vigneron qui a des convictions qui ne peuvent s'épanouir dans le régime stricte d'une appellation contrôlée.

- **Lignes de cultures**
  Agriculture Biologique : agriculture sans traitements artificiels, respectant la nature, son rythme, son harmonie, son équilibre.
  Biodynamie : agriculture biologique basée sur le principe d'autosuffisance du domaine et sur la sensibilité de la plante et du sol aux influences de la terre et du ciel.
  Lutte Raisonnée : biologiquement dans la mesure du possible, mais en ne s'interdisant pas l'utilisation de traitements artificiels si nécessaire.
  Agriculture conventionnelle : agriculture qui n'est pas «biologique».

Some simple explanations...

- **Terroir**
  Combination of a geology and of a micro-climate at a particular site.

- **Cru**
  Lit. «growth». Defines the place where the vine grows, one drinks wine coming from a "*cru*". Some crus have been classified. In Burgundy one speaks of "*climat*".

- **Millésime**
  Harvest year in which the wine has been produced.

- **Appellation d'origine contrôlée - A.O.C.**
  Geographical denomination for a wine's origin which lays down a demarcated geographical area, the appropriateness of one or several grape varieties and a local know-how.
  A wine can carry appellation d'origine contrôlée if after analysis and tasting it complies with the regulations specifically laid down by the I.N.A.O (Institut National des Appellations d'Origines Contrôlées). An A.O.C can demarcate a region, a sub-region, a *commune* or a *cru*.
  Examples:

Région	Appellation Contrôlée Burgundy
Sub-region	Appellation Contrôlée Côtes de Nuits
Village	Appellation Contrôlée Gevrey-Chambertin
1st Cru	Appellation Contrôlée Gevrey-Chambertin 1er cru
Grand Cru	Appellation Contrôlée Gevrey-Chambertin Grand Cru

- **The other appellations**
  The Appellation d'Origine Contrôlée is the most restrictive classification for wine legislation in France. After that, in decreasing order of restriction, there are:
  Wines designated for superior quality (VDQS)
  Vins de pays (lit.regional wines) table wines with an indication of their origin)
  Vins de table (lit.table wines)
  Please note: a wine which carries a less prestigious classification does not necessarily mean that it's less good. It can also be the work of a wine grower whose convictions cannot fulfil the strict demands of an appellation contrôlée.

- **Cultivation approaches**
  Bio-farming: farming without artificial treatments, respecting nature, its rhythm, its harmony, its balance.
  Biodynamics: organic farming based on the principle of self-sufficiency at the vineyard, on plant sensitivity and on the ground under the influence of earth and the cosmos.
  Sustained farming: biologically where possible, but not ruling out the use of artificial treatments if necessary.
  Conventional farming: farming which is not "bio".

The Estate *Le domaine*

MAKING AN APPOINTMENT *RENDEZ-VOUS POUR UNE VISITE*

- Hello, we would like to make an appointment for a visit.
  Bonjour, nous souhaiterions prendre rendez-vous pour une visite.

- Would it be possible to visit the vineyard?
  Pouvez-vous nous faire visiter vos vignes ?

- Is it possible to visit the winery?
  Pouvons-nous visiter le chai ?

- Could you organise a tasting of some of the wines?
  Est-il possible d'organiser une dégustation de quelques vins ?

THE ESTATE *LE DOMAINE*

- Could you tell us about your domaine?
  Pourriez-vous nous présenter votre domaine ?

- Has the domaine existed for a long time?
  Le domaine existe-t-il depuis longtemps ?

- Are there many generations of vinegrowers in your family?
  Etes-vous vignerons dans votre famille depuis plusieurs générations ?

- How did you learn your profession?
  Comment avez-vous appris votre métier ?

- What is the surface* of your vineyard?
  Quelle est la superficie* de votre vignoble ?

- Is the vineyard all in one block?
  Le vignoble est-il d'un seul tenant ?

- Are you located on an appellation area**?
  Etes-vous situé sur une aire d'appellation** ?

- Where is your domaine located in the appellation area?
  Où se situe votre domaine dans l'aire d'appellation ?

---

*   The surfaces are given in hectares. One hectare is equivalent to 10,000 square metres.
** Some plots may be expelled from the appellation area if they do not suit the characteristics defined by the INAO.

Notes en français page 170

WINES *VINS*

- Which wines do you produce?
  Quels vins produisez-vous ?

- Is it a regional or a local appellation?
  Est-ce une appellation régionale ou locale ?

- What are the characteristics of this appellation?
  Quelles sont les caractéristiques de cette appellation ?

GRAPE VARIETIES *CEPAGES*

- Which grape varieties do you cultivate?
  Quels cépages cultivez-vous ?

- Are they the traditional grape varieties of the region?
  Est-ce que ce sont des cépages caractéristiques de votre région ?

- How are the grape varieties divided up on the estate?
  Quelle est la répartition des cépages sur le domaine ?

- How old are your vines?
  Quel est l'âge de vos vignes ?

CULTIVATION APPROACHES *MODES DU CULTURE*

- Which farming method do you use to cultivate the vines?
  Selon quels principes cultivez-vous vos vignes ?

- What made you change your farming method?
  Qu'est-ce qui vous a poussé à changer de mode de culture ?

VINTAGE* *MILLÉSIME**

- How do you define a good vintage?
  Comment définissez-vous un bon millésime* ?

- Has this year been a difficult-to-manage vintage?
  Est-ce que cette année a été un millésime difficile ?

- What are the characteristics of this year's vintage?
  Quelles sont les caractéristiques du millésime ?

---

* The quality of the millésime, the constitution of the grapes (in sugar, acidity, tannins, colouring components, minerals), and therefore of the wine, is linked to the weather conditions to which the grapes are subjected

Plus loin, là-bas,
c'est un autre terroir,
c'est là que sont
plantées les vieilles
vignes...

Promenade dans les vignes

Vous suivez le vigneron dans les vignes. Il touche quelques feuilles en passant, les caresse simplement ou les regarde plus soigneusement. "Je prends de leurs nouvelles", vous dit-il en souriant. Il vous semble que les vignes réagissent à sa présence. C'est peut-être le vent léger qui vous donne cette impression, les brins d'herbe qui dansent entre les rangées de ceps ou le ballet bourdonnant des abeilles.

Vous aussi vous touchez quelques feuilles, vous ne savez pas vraiment quel effet cela doit vous faire, mais le contact vous plaît.

Votre hôte vous tend une poignée de terre . "Je suis très attentif à la terre, à son fonctionnement, à son équilibre".

Il vous fait remarquer les racines qui s'enfoncent droit dans le sol.
"Mon travail doit favoriser l'enfouissement des racines en profondeur. Je veux vraiment que le vin soit le reflet minéral du terroir dont il est issu".

Il vous raconte quelques épisodes de l'année, surtout la grêle qui est tombée au mois de mai qui lui a fait bien peur. Il évoque, entre espoir et inquiétude, les vendanges à venir.

"Le soleil est là, aujourd'hui, mais rien n'est encore gagné. Un orage, une forte pluie et tout le travail de l'année peut être anéanti".

La promenade se poursuit. Ici, les vignes sont exposées au sud-ouest, elles sont protégées des vents forts par la forêt située sur la colline d'en face. Elle protège aussi du froid l'hiver. La main en visière, vous regardez, comme lui, les hectares de vignes qui s'étendent à l'horizon.

"Plus loin, là-bas, c'est un autre terroir, c'est là que sont plantées les vieilles vignes, elles donnent des vins très différents".

Vous écoutez, vous regardez, vous respirez, vous dégustez le paysage ! Le vigneron se tourne alors vers vous, "allons-nous déguster" ?

Further on, over there, is another *terroir*. It's planted in old vines...

A Walk in the Vineyard

You follow the winemaker into the vineyard. He touches a few leaves as he passes, sometimes just stroking them, sometimes looking more carefully. "I'm asking them how they are doing," he says with a smile. It's almost if the grapes respond to his presence, but that may just be an impression created by the gentle breeze, the blades of grass dancing between the rows of vines, the bees' buzzing ballet.

You touch a few leaves yourself, unsure of quite what to expect, but enjoying the contact.

Now your host is holding out a handful of earth. "I pay a lot of attention to the soil, to its health and balance," he says.

He points out how the vines' roots go straight down into the earth. "I work to encourage the grapes to put down deep roots," he says. "I want my wine to be the true mineral reflection of the *terroir* it comes from."

He tells you about some of the year's events, in particular the hail that hit last April, and which really scared him. Torn between hope and worry, he speaks of harvests to come.

"It's sunny today, but that doesn't guarantee anything. One storm, or even a heavy rain, and a whole year's work can be wiped out."

The walk continues. "The grapes here face southwest, and they're sheltered from the wind by the forest on top of that hill across the way. It also protects them from the cold in winter." Shading your eyes, you gaze with him at the acres of grapes stretching to the horizon.

"Further on, over there, is another *terroir*. It's planted in old vines and produces very different wines.`"

You listen, you watch, you breathe—you are savouring the landscape. The winemaker turns to you. "Shall we go have a taste?"

Quelques explications...

- **La vigne**

    La vigne à vin (*vitis vinifera*) est une plante qui recueille les caractéristiques du site sur lequel elle pousse. Le sol, le climat, l'altitude, l'ensoleillement, tout ce qui fait la personnalité d'un lieu peut s'exprimer à travers ses fruits et à travers le vin. Il y a des cépages qui s'accordent particulièrement avec certains sols. En général, la vigne a plus d'expression sur les sols pauvres et bien drainés.

- **Rendement**

    Le rendement des vignes s'exprime en hectolitre par hectare. Plus le rendement est bas, plus le vigneron recherche la qualité. Le vigneron peut agir sur les rendements par la densité de plantation (plus les vignes sont rapprochées moins elles ont d'espace pour produire et meilleurs sont les raisins), par la taille, par le mode de culture.

- **Cépages - cep**

    Un cépage est une variété de vigne. Chaque cépage a ses caractéristiques propres : couleur, peau plus ou moins épaisse, arômes plus ou moins discrets,... Il forme aussi un couple reconnu avec un ou plusieurs types de sol. Un cep est un pied de vigne.

- **Phylloxéra**

    Puceron provenant d'Amérique qui a détruit une grande partie du vignoble européen au 19è siècle. Depuis les cépages poussent sur des portes-greffes américains résistants à ce puceron.

- **Grappe de raisin**

    La grappe de raisin est composée de la rafle et des grains.
    La rafle du raisin apporte au vin des tanins, une saveur acide et des sels minéraux. Les grains sont composés de la pellicule, de la pulpe et des pépins. La pellicule contient surtout les matières colorantes et les substances aromatiques. La pulpe est généralement incolore sauf dans le cas de cépages dits "teinturiers" qui ont une pulpe colorée.

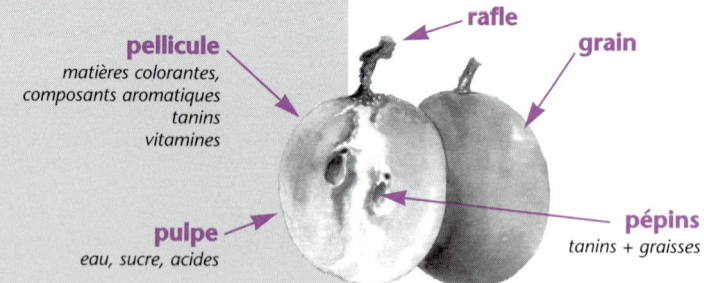

pellicule
*matières colorantes,
composants aromatiques
tanins
vitamines*

rafle

grain

pulpe
eau, sucre, acides

pépins
tanins + graisses

Some simple explanations...

- **The vine**

    The wine-producing vine (*vitis vinifera*) is a plant which brings together the characteristics of the site where it is growing. The soil, climate, altitude, sun exposure, everything which makes up the personality of a place, can be represented by its fruits and in wine. There are grape varieties which get on particularly well in certain soil. In general, the vine expresses itself better in poor, well-drained soil.

- **Yield**

    The yield from vines is expressed in hectolitre per hectare. The lower the yield, the more the wine grower is looking out for quality. The wine grower can alter the yield by plantation density (the closer the vines the less they'll have space to produce and the better the grapes), by pruning and by the style of cultivation.

- **Cépages - cep**

    A *cépage* is a grape variety. Each variety has its own characteristics: colour, skin of varying thickness, more or less discreet aromas,...It also makes a recognised couple with one or several types of soil. A *cep* is a vine stock.

- **Phylloxéra**

    Aphid of American origin which destroyed a large part of the European vineyards in the 19th Century. Since then grape varieties grow on American grafted stock resistant to this aphid.

- **Bunch of grapes**

    The bunch of grapes is made up of the stalk and of the berries.
    The stalk contributes tannins, an acid flavour and mineral salts to the wine. The berries are made up of the skin, the pulp and the pips. The skin contains above all the colouring and the aromatic materials. The pulp is generally colourless except for grape varieties known as "dyers" which have a coloured pulp.

skin
*colouring materials,
aromatic material
taninns
vitamines*

stalk

berry

pulp
water, sugar, acids

pips
tannins + oils

Training the vine *Conduite de la vigne*

SOIL TYPES
NATURE DES SOLS

- What is the soil-type on your estate?
  Quelle est la nature des sols sur votre domaine ?

- Are there several terroirs on your domaine?
  Avez-vous différents terroirs sur votre domaine ?

- Does each soil type contribute a certain characteristic to the wines?
  Chaque type de sol apporte-t-il des caractéristiques particulières aux vins ?

- How does the vine draw out the aromas in the terroir?
  Comment la vigne puise les arômes du terroir?

- What are the soil types that are particulary adapted to vine growing?
  Quels sont les types de sol qui conviennent particulièrement à la culture de la vigne ?

CLIMATE *CLIMAT*

- What are the characteristics of the climate in your region?
  Quelles ont les caractéristiques du climat dans votre région ?

- Do the vines get plenty of sun?
  Les vignes reçoivent-elles beaucoup de soleil ?

- Is there some weather that the vines particularly dislike?
  Les vignes craignent-elles certaines intempéries en particulier ?

WORKING THE EARTH *LE TRAVAIL DE LA TERRE*

- Do you take particular care of the earth?
  Portez-vous une attention particulière à la terre ?

- Does every soil type have a balance and a functioning of its own?
  Chaque sol a-t-il un équilibre et un fonctionnement qui lui est propre ?

- How do you work the soil?
  Comment travaillez-vous le sol ?
- What do you gain from maintaining a microbic life in the vines?
  Quel est l'intérêt de maintenir une vie microbienne dans les vignes ?
- Do you plough the vines? For what reasons?
  Labourez-vous les vignes ? Pour quelles raisons ?

GRAPE VARIETIES *CÉPAGES*

- How have you chosen the best grape varieties to suit your vineyard?
  Comment avez-vous déterminé les cépages qui convenaient le mieux à votre vignoble ?
- Are some grape varieties, more than others, susceptible to the climate, to some diseases? Do they need special care?
  Certains cépages sont-ils plus ou moins sensibles aux conditions climatiques, à certaines maladies ? Nécessitent-ils des soins particuliers ?

AGE OF THE VINES *ÂGE DES VIGNES*

- How old are your vines?
  Quel est l'âge de vos vignes ?
- How old are the vines when they begin to have fruit?
  A partir de quel âge les vignes donnent-elles des fruits ?
- Does the quality of the grapes improve as the vines age?
  La qualité des raisins augmente-t-elle avec l'âge des vignes ?
- How long does it take for a vine to be capable of producing a long-term cellaring wine?
  Au bout de combien de temps une vigne donne-t-elle des vins de garde ?

Débourrement

Floraison

Nouaison

- Do old vines produce best quality grapes?
  Les raisins des vieilles vignes sont-ils de meilleure qualité ?

- Do you produce wine from young vines?
  Faîtes-vous du vin avec les raisins de jeunes vignes ?

- How long do vines live?
  Quelle est la durée de vie des vignes ?

- Did the vines have a longer lifespan before the attack of phylloxera?
  Les vignes vivaient-elles plus longtemps avant le phylloxéra ?

- Do you uproot the vines when their yield starts to decrease?
  Arrachez-vous les vignes lorsque leur rendement commence à décroître ?

THE WORK AND CARE OF THE VINE *LES TRAVAUX ET SOINS DE LA VIGNE*

- What kind of work and care do the vines require?
  Quels sont les différents travaux et soins de la vigne ?

- What are the different treatments that the vine needs?
  Quels sont les différents traitements dont la vigne a besoin ?

- When do they occur during the year?
  A quelles périodes de l'année ont-ils lieu ?

Véraison

Maturité

Surmaturité

PRUNING AND YIELD *TAILLE ET RENDEMENT*

- Why and how is the vine's yield restricted?
  Pourquoi et comment limite-t-on les rendements de la vigne ?

- When does pruning occur?
  A quelle période de l'année taillez-vous la vigne ?

- Does pruning restrict the number of bunches?
  La taille limite-t-elle le nombre de grappes ?

- What are the characteristics of the pruning in your region?
  Quelles sont les caractéristiques de la taille dans votre région ?

- What type of pruning do you use?
  Quelle type de taille pratiquez-vous ?

- Is the type of pruning linked to the climate?
  Le type de taille est-il fonction du climat ?

- Are there other methods to restrict yields?
  Il y a-t-il d'autres moyens de limiter le rendement ?

- Do serried rows also increase the quality of the grapes?
  Les plantations serrées augmentent-elles aussi la qualité des raisons ?

Examples of Pruning shapes *Exemples de taille*

Taille en gobelet

Taille en cordon de Royat

Taille Guyot

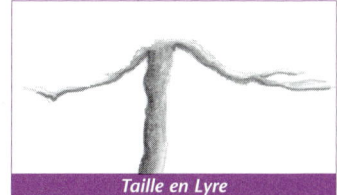
Taille en Lyre

Harvesting *Les Vendanges*

RIPENESS OF THE GRAPES *LA MATURITÉ DES RAISINS*

- When do the grapes start to ripen?
  Quand les raisins commencent-ils à mûrir?
- Do the different grape varieties ripen at the same speed and at the same time?
  Tous les cépages mûrissent-ils à la même vitesse et en même temps ?
- How do you assess the stage of ripeness*?
  Comment mesurez-vous le stade de maturité ?*
- At what stage of ripeness do you start to harvest the grapes?
  A quel stade de maturité récoltez-vous les raisins ?
- Is there a link between the ripeness of the grapes and the range of aromas developped by the wine?
  Y a-t-il un lien entre la maturité des raisins et la gamme aromatique développée par le vin ?

HARVESTING *LES VENDANGES*

- Do you start harvesting on the permitted date**?
  *Commencez-vous les vendanges à l'ouverture des bans** ?*
- Do you follow a harvesting scheme?
  Respectez-vous un schéma de vendanges?
- Which plot or grape varieties do you pick first?
  Quelles parcelles ou cépages ramassez-vous en premier ?
- Do you harvest by hand***?
  Les vendanges sont-elles manuelles ?
- Is harvesting by hand a choice or an obligation?
  Les vendanges sont-elles manuelles par choix ou par obligation ?
- Do you harvest at a particular time in the day? For what reasons?
  Les vendanges ont-elles lieu à un moment particulier de la journée ? Pour quelles raisons ?
- How long does the harvesting last?
  Combien de temps les vendanges durent-elles ?

---

*   There are different stages of maturity, for example the ripeness of berries and the ripeness of stalks.
** Bans : the legal date to start harvesting or other farm works.
*** Harvest can also be mechanical, in other words done by machine.

LATE HARVEST *LES VENDANGES TARDIVES* Botrytis Cinerea**, passerillage****

- Do you have late harvests?
  Réalisez-vous des vendanges tardives ?
- Can all the grape varieties withstand this over-ripeness?
  Tous les cépages peuvent-ils subir cette surmaturation ?
- How long do you leave the grapes to over-ripen?
  Combien de temps laissez-vous surmûrir les raisins ?
- Does noble rot sometimes happen in your vineyard?
  La pourriture noble se développe-t-elle parfois dans votre vignoble ?
- What are the conditions that cause it to spread ?
  Quelles sont les conditions pour qu'elle se développe ?
- Then do you harvest in one go or by successive pickings?
  Les vendanges se font-elles alors en une seule fois ou par tries successives ?
- What is the yield that you get?
  Quel rendement obtenez-vous ?

---

*   The grape ripens over the maturity stage. The fruit dries out which intensifies the sugar in the berry.
** Fungus that attacks the grapes under certain climatic conditions (humidity in the morning, then dry heat) shrivels the grapes giving them specific aromas.
*** The grapes are left to dry out on the vine.

> Les résultats, ce sont une robe, des reflets, des arômes, des tanins, une acidité, une longévité...

Un verre à la main

Dans la grande cave silencieuse, des tonneaux, alignés de part et d'autre, vous encadrent. Il fait sombre et frais. La respiration du vin, dormeur des lieux, imprègne l'air de ses arômes.

Le vigneron tend un verre à chacun. Vous allez goûter quatre vins des dernières vendanges en cours d'élevage. Chacun d'entre eux est issu d'une parcelle différente.

Un à un, vous vous approchez du premier fût et tendez votre verre sous le petit robinet incrusté dans le bois : "la cannelle".

Le bruit du vin qui s'écoule chatouille encore votre oreille lorsque vous approchez le verre de votre nez. Les arômes viennent caresser vos sens et vous appellent à eux, au vin. Vous avalez une petite gorgée, le vin se tapisse sur votre langue, sur votre palais, tourne dans votre bouche.

On s'approche du deuxième fût, vous goûtez le deuxième vin. Il y a incontestablement un air de famille, mais ces deux frères sont différents. Vous vous tournez vers le vigneron.
"Il s'agit du même cépage" ?
"Oui, mais d'une parcelle différente. Là, nous sommes sur des vignes plus à l'est du domaine".

Le vigneron vous explique que chacune des parcelles imprime ses qualités aux raisins et que pendant la vinification, il a porté ce vin vers son expression et l'a aidé à se bâtir un avenir.

A toutes les étapes, il a fait des choix : de température, de durée de macération,... Les résultats, ce sont une robe, des reflets, des arômes, des tanins, une acidité, une longévité... La vinification, l'élevage aussi, c'est un dialogue permanent avec le vin.

Vous dégustez le troisième vin, puis le quatrième vin. L'un a plus de nez, l'autre plus de bouche, plus de structure... Ces termes vous viennent tous seuls à l'esprit.

The result? Different colours, smells, tannin, acidity, and longevity.

With Glass in Hand

In the great, silent cellar, you are surrounded by rows of barrels. It is dark and cool. The breath of the slumbering wine fills the air with its aromas.

The winemaker hands each of you a glass. You are going to taste four wines that are being aged. They are all from the latest harvests, but each comes from a different plot.

One by one, you walk over the first barrel and hold your glass under the *cannelle*, the little spigot driven into the wooden cask.

The gurgle of the flowing wine is still tickling your ears as you bring the glass to your nose. You take a small mouthful, and the wine spreads over your tongue and palate, washes around in your mouth.

You move on to the second barrel and taste the second wine. There is a definite family resemblance, but these two brothers are different. You turn to the winemaker.

"Are they both the same varietal?"
"Yes, but from different plots. What you have here comes from grapes planted further east in the domaine."

The winemaker explains that each plot gives its special character to the grapes. In the process of making wine, he tries to bring out each wine's expression and give it the shape it will assume.

The result? Different colours, smells, tannin, acidity, and longevity. "Making and ageing wine is like having an ongoing dialog with the wine."

You taste the third wine, then the fourth. One has more "nose," another more "mouth," more structure... The words come to mind unbidden.

With glass in hand *Un verre à la main*

WHICH WINE? *QUEL VIN ?*

- What is this wine that we are tasting?
  Quel est ce vin que nous dégustons ?

- Which vintage is it?
  De quel millésime s'agit-il ?

WHICH GRAPE VARIETIES? *QUELS CÉPAGES ?*

- Which grape variety(ies) is this wine made from?
  A partir de quel(s) cépage(s) ce vin a-t-il étét élaboré ?

- What is the proportion of each grape variety?
  Quelle est la proportion de chaque cépage ?

- Are these proportions typical of the region?
  Ces proportions sont-elles représentatives de ce qui se fait dans la région ?

- Where are the vines located that made this wine?
  Pouvez-vous nous situer les vignes qui ont servi à l'élaboration de ce vin ?

WHICH VINIFICATION PROCESS? *QUELLE VINIFICATION ?*

- What is your style of vinification?
  Quel style de vinification pratiquez-vous ?

- Is it the traditionnal style of vinification in your region?
  S'agit-il de la vinification traditionnelle dans votre région ?

WHAT KIND OF MATURING? *QUEL ELEVAGE ?*

- What is your maturing process?
  Quel élevage pratiquez-vous ?

- How long is the maturing period?
  Combien de temps dure l'élevage ?

- When are the wines bottled?
  A quelle période les vins sont-ils mis en bouteille ?

WHICH BLENDING? *QUELS ASSEMBLAGES ?*

- Is this wine a blend?
  Ce vin est-il le résultat d'un assemblage ?

THE *TERROIR* *LE TERROIR*

- From which terroir is this wine from?
  De quel terroir est issu ce vin ?

- From which soil type is this wine from?
  Quel est le type de sol dont est issu ce vin ?

YIELD *RENDEMENT*

- What is the vines' yield for this wine?
  Quel est le rendement des vignes pour ce vin ?

AGEING *GARDE*

- Is it a young wine or a wine to keep?
  S'agit-il d'un vin à boire jeune ou à conserver ?

- When would you recommend that we drink this wine ?
  Quand nous conseillez-vous de boire ce vin ?

PERIODS OF THE WINE *LES PERIODES DU VIN*

- Is there a favourable period to drink this wine at its best?
  Y a-t-il une période plus favorable qu'une autre pour boire ce vin ?

- Does this wine have "open" and "closed" periods ?
  Le vin a-t-il des périodes d'ouverture et de fermeture ?

WITH THE WINEGROWER *With a glass in hand*

Quelques explications...

- **Les vins rouges**

    Les vins rouges sont issus de la macération de la pulpe et des peaux des raisins noirs. Les matières colorantes, les arômes, les tanins, contenus dans les peaux se dissolvent dans le jus de raisin. Pendant la macération, le contact des levures avec le sucre du fruit déclenche le travail de transformation par les levures du sucre en alcool : la fermentation. La fermentation accentue le phénomène de dissolution des matières et développe d'autres arômes. Pour encourager le travail des levures et l'extraction des matières, on utilise la technique du pigeage ou celle du remontage qui aèrent le moût et favorisent le contact entre le jus et les peaux. Le pigeage (technique d'origine bourguignonne) consiste à enfoncer dans le moût le chapeau formé des peaux et des rafles entraînées vers le haut de la cuve par le gaz carbonique dégagé par la fermentation. Le remontage (technique d'origine bordelaise) consiste à pomper du jus au bas de la cuve et à le reverser sur le chapeau.

- **Exemples de style de vinification de vin rouge**

    La vinification à la bordelaise avec remontage et macération du vin après la fermentation pour favoriser la dissolution des tanins et des matières colorantes grâce à l'alcool.

    La vinification à la bourguignonne où rhodanienne avec une macération avant la fermentation pour dissoudre la couleur et les tanins et le pigeage pendant la fermentation.

    La vinification beaujolaise : les raisins sont mis en cuve entiers sans égrappage ni foulage. Les raisins du fond écrasés par le poids de la masse commencent à fermenter et lance le processus de fermentation. Les émanations de gaz carbonique, maintenues par des couvercles qui empêchent leur échappement, favorisent la fixation par le jus des arômes du fruit et de la couleur contenus dans la pellicule des raisins.

- **Les vins blancs**

    La vinification des vins blancs est très différente. Ils sont issus de la fermentation du seul jus de raisins blancs pressés dès leur arrivée à la cave de vinification. On ne recherche pas le contact entre les peaux, les rafles et le jus, on travaille sur les arômes, le moelleux, l'acidité. La douceur et la maîtrise du pressurage ont une grande importance sur les qualités du moût, sa complexité et sa fermentation. La température régule le travail fragile des levures et son niveau influe sur l'expression des différents arômes (proches du fruit, dominés par la vinification...). La fermentation terminée le vin est séparé ou non des lies de fermentation pour l'élevage. Les moûts blancs sont particulièrement sensibles à l'oxydation.

Some simple explanations...

- **Red wines**

    Red wines are made by macerating the pulp and the skins of black grapes. The colouring matter, the aromas and the tannins contained in the skins dissolve in the grape juice. During maceration, the contact of the yeast with the fruit sugar starts to transform the sugar yeast into alcohol: fermentation. Fermentation accentuates the phenomenon of the breaking-down of the elements and develops other aromas. To encourage the work of the yeast and the extraction of the elements, one uses the technique of *pigeage* or that of *remontage* which aerates the must and favours contact between the juice and the skins. *Pigeage* (a technique originating in Burgundy) consists of pushing down into the must the hat, formed by the skins and the stalks brought to the top of the vat by the carbon dioxide released by the fermentation. *Remontage* (a technique originating in the Bordeaux region) consists in pumping the juice to the bottom of the vat and reversing it with the hat.

- **Examples of red wine-making styles**

    Bordeaux-style vinification with *remontage* and macerating the wine after fermentation to encourage the alcoholic dissolution of both tannins and colouring matter.

    Burgundy-style or Rhône-style vinification with a maceration before fermentation to dissolve the colour and the tannins and then *pigeage* during fermentation.

    Beaujolais-style vinification: the grapes are put into the vat whole without crushing or destemming. The grapes at the bottom, crushed by the mass weight, begin to decompose and start off the fermentation process. The release of carbon dioxide gas kept in by the lids to prevent its escape favours fixation by the juice from the aromas of the fruit and the colour contained in the grape pellicule.

- **White wines**

    The vinification of white wines is very different. They are made by the fermentation of the grape juice pressed after their arrival at the winery. This does not concern looking for contact between the skins, the stalks and the juice, one is working with the aromas, the mellowness and the acidity. Gentleness and the mastery of pressing have a great importance for the qualities of the must, its complexity and its fermentation. Temperature regulates the fragile work of the yeast and its level has an influence on the the different aromas (close to fruit, dominated by the vinification...). Once fermentation is over, the wine may or may not be separated from the fermentation lees for maturing. The white musts are particularly sensitive to oxidisation.

The choices made by the winegrower
Les choix du vigneron

THOUGHTS AND OBJECTIVES *REFLEXION ET OBJECTIFS*
- Is your style of vinification a result of careful thought ?
  La façon dont vous vinifiez est-elle le résultat d'une réflexion ?
- Do you set objectives for the vinification process?
  Vous fixez-vous des objectifs pour la vinification ?
- What kind of objectives are there ?
  De quelle sorte d'objectifs s'agit-il ?

THE IMPORTANT DETAILS *LES DETAILS IMPORTANTS*
- Are there some important details that you pay special attention to?
  Y a-t-il des détails importants auxquels vous attachez une attention particulière ?
- Why are they so important to you?
  Pourquoi sont-ils si importants à vos yeux ?

PERSONAL TOUCHES *TOUCHES PERSONNELLES*
- At which stages of the vinification process do you think that the personal touches have an effect on the wine?
  A quels moments de la vinification pensez-vous que des touches personnelles s'impriment au vin ?

THE VINIFICATION FROM ONE YEAR TO ANOTHER
LA VINIFICATION D'UNE ANNÉE SUR L'AUTRE
- Does the process of vinification vary from one year to another?
  La vinification varie-t-elle d'une année sur l'autre ?

THE CHOICES OF VINIFICATION *LES CHOIX DE VINIFICATION*

Plot selection *Sélection parcellaire*
- Do you vinify each plot separately?
  Vinifiez-vous chaque parcelle séparément ?
- Does vinification vary depending on the parcel that the grapes come from?
  La vinification est-elle différente suivant la parcelle d'où proviennent les raisins ?

Intervening during the vinification process *Intervention pendant la vinification*
- Do you intervene during the vinification process?
  Intervenez-vous pendant la vinification ?
- What are the reactions that you want to control?
  Quelles réactions cherchez-vous à maîtriser ?

- Do you prefer to let the wine make itself?
  Préférez-vous laisser le vin se faire tout seul ?

Encouraging extraction *Favoriser l'extraction*
- Do you aim for a maximum extraction of components during vinification?
  Recherchez-vous à obtenir le maximum d'extraction pendant la vinification ?
- What extracting processes do you use and why these ones?
  Quelles méthodes utilisez-vous et qu'est-ce qui vous a poussé à les choisir ?

Complexity *La complexité*
- What action encourages the best expression of complexity during vinification?
  Qu'est-ce qui favorise l'expression de la complexité pendant la vinification ?

Yeasts *Levures*
- What are your choices regarding yeasts?
  Quels sont vos choix en matière de levures ?
- Do yeasts contribute to the aromas of the wine?
  Les levures participent-elles aux arômes du vin ?

Temperature *Température*
- What are your choices regarding the vinification's temperature?
  Quels sont vos choix sur la température de vinification ?
- Does the temperature influence the range of aromas developed?
  La température a-t-elle une action sur les arômes développés par le vin ?

Length *Durée*
- Does the wine macerate for a short or a long time? For what reasons?
  Favorisez-vous une cuvaison courte ou longue ? Pour quelles raisons ?
- Is there a link between the concentration of the wine, its ability to age and the length of maceration?
  Y a-t-il un lien entre la concentration du vin, ses capacités à vieillir et la durée de cuvaison ?

Aromas *Arômes*
- Can you influence the emergence of some aromas? How and which ones?
  Pouvez-vous favoriser certains arômes? Comment et lesquels ?

Containers *Contenants*
- What kind of vessel do you use for vinification? Do you prefer stainless-steel or wooden vats? For what reasons?
  Quels contenants choisissez-vous pour la vinification ? Préférez-vous les cuves en inox ou les cuves en bois ? Pour quelles raisons ?

Quelques explications...

■ Le moût
Jus de raisin avec ou sans parties solides (peaux des raisins, pépins, rafles) qui va subir la fermentation alcoolique.

■ La fermentation alcoolique : la réaction qui transforme le moût en vin
La fermentation alcoolique du vin est la transformation par l'action de levures (micro-organismes) du sucre des raisins en alcool. D'autres éléments contribuant à la personnalité du vin sont produits parallèlement, ainsi que du CO2 et de la chaleur. La chaleur dégagée entraîne une accélération et une diffusion de la réaction que l'on peut contrôler en régulant la température du moût. Augmenter la température accélère la fermentation, la baisser la ralentie. La fermentation prend fin lorsque les levures ont transformé tout le sucre en alcool ou, dans le cas d'un moût riche en sucre, les levures sont asphyxiées par l'alcool qu'elles ont elles-mêmes produit. Le sucre qui n'a pu être transformé est appelé "sucre résiduel". Dans certaines vinifications, on provoque volontairement l'arrêt de la fermentation en ajoutant de l'alcool au moût (mutage).

$$C_6H_{12}O_6 \xrightarrow{\text{levures}} 2(C_2H_5OH) + 2CO_2$$

fructose, glucose → *levures* → *alcool éthylique + gaz carbonique*

■ Les levures indigènes
Les levures indigènes sont les levures propres au terroir. Apportées par le vent ou par les insectes, présentes dans les celliers quand on y fait le vin depuis longtemps, elles s'attachent à la pruine des raisins et contribuent à la personnalité du vin. Elles peuvent être multipliées dans un "pied-de-cuve" (petite quantité de moût en fermentation) destiné à ensemencer les moûts lors des départs difficiles par exemple par année froide.

■ Les levures sélectionnées
Levures sélectionnées et multipliées dans les laboratoires parfois destinées à favoriser telle ou telle réaction ou arôme.

■ Fermentation malolactique
Des bactéries provoquent une fermentation qui transforme l'acidité malique du vin, dure, en acidité lactique plus souple. Cette fermentation qui a lieu a température plus basse que la température alcoolique peut ne pas avoir lieu, avoir lieu en fin de cuvaison ou bien plusieurs semaines ou mois après la fermentation alcoolique. C'est une question de température ambiante, de saison, ou d'intervention humaine.

$$COOH-CH_2-CHOH-COOH \xrightarrow{\text{bactéries}} CH_3-CHOH-COOH + CO_2$$

acide malique → *bactéries* → *acide lactique + gaz carbonique*

Some simple explanations...

- **The must**
   Grape juice with or without solid elements (grape skins, pips, stalks) which will be undergoing alcoholic fermentation.

- **Alcoholic fermentation: the reaction which transforms the must into wine**
   The alcoholic fermentation of wine is the transformation of grapes into alcohol through the action of sugar yeast (micro-organisms). Other elements contributing to the personality of the wine are parallel products as well as CO_2 and heat. The heat released sets off an acceleration and a diffusion from the reaction which can be controlled by regulating the must temperature. Increasing the temperature steps up the fermentation, lowering it slows it down. Fermentation comes to an end when the yeast has transformed all the sugar into alcohol or, where a sugar-rich must is concerned, the yeasts have been smothered by the alcohol which they themselves have produced. The sugar which has not been able to be transformed is called "residual sugar". In some vinifications, one may halt fermentation at will by adding grape brandy (*mutage*).

- **Indigenous or wild yeasts**
   Indigenous or wild yeasts are yeasts coming from the terroir. Brought in by the wind or by insects, present in the cellars where wine has been made over a long period, they attach themselves to the bloom of the grapes and contribute to the personality of the wine. They can be multiplied in a "starter" (small quantity of fermenting must) destined to pitch the musts during difficult start-ups, for example in a cold year.

- **Selected yeasts**
   Yeasts selected and multiplied in laboratories sometimes aimed at bringing out such and such a reaction or aroma.

- **Malolactic fermentation**
   Bacteria provokes a fermentation which transforms the hard malic acidity of the wine into a more supple lactic acidity. This fermentation occurs at a lower temperature than alcoholic temperature, therefore must take place at the end of vatting or even several weeks or months after alcoholic fermentation. It's a question of ambient temperature, of season or of human intervention.

WITH THE WINEGROWER

Vinification *Vinification*

THE GRAPES ARRIVE AT THE WINERY
LES RAISINS ARRIVENT À LA CAVE DE VINIFICATION

- Do you take special care of how the grapes are transported to the winery?
  Apportez-vous un soin particulier au transport des raisins jusqu'à la cave ?

- Why is this important?
  Pourquoi est-ce important ?

- Are the grapes sorted when they arrive?
  Les raisins sont-ils triés à leur arrivée ?

Egrappage manuel

Egrappage mécanique

DESTEMMING* - CRUSHING** *EGRAPPAGE* - FOULAGE***

- Do you destem the grapes?
  Egrappez-vous les raisins ?

- Why are all stalks taken off (or just some of them)?
  Pourquoi réalisez-vous un égrappage complet (ou partiel) ?

- Does this process involve special precautions?
  Ce procédé demande-t-il des précautions particulières ?

- Are the grapes crushed?
  Les raisins sont-ils foulés ?

SULPHITING** *SULFITAGE****

- Do you use sulphur during the winemaking process?
  Utilisez-vous du soufre pendant la vinification ?

---

*   Destemming : the grapes are taken off the stem.
**   Crushing : the grapes are gently crushed.
***   Sulphiting : using sulphur dioxide

- What are the different uses of sulphur in the winemaking process?
  Quels sont les différents rôles du soufre tout au long de la vinification ?
- When do you use some?
  A quels moments en utilisez-vous ?
- What are the proportions?
  En quelles proportions ?

VESSELS *CONTENANTS*

- Do you vinify each of your wines in the same container?
  Vinifiez-vous chacun de vos vins dans les mêmes contenants ?
- What kind of vessel do you use to ferment the wine?
  Quels contenants utilisez-vous pour la fermentation ?
- How do you determine whether to ferment the wine in a vat or in a barrel?
  Comment déterminez-vous si un vin doît être fermenté en cuve ou en fût ?
- Does fermentation take place in an open or a closed vat? What is the difference?
  La fermentation a-t-elle lieu en cuve ouverte ou fermée ? Quelle est la différence ?

YEASTS *LEVURES*

- Do you add yeast?
  Utilisez-vous des levures ?
- What kind of yeast do you use?
  Quelles levures utilisez-vous ?
- What is the effect of using wild yeast?
  Quel est l'apport des levures indigènes ?

ALCOHOLIC STRENGTH* *DEGRÉ ALCOOLIQUE**

- Does the alcoholic strength vary from one year to another?
  Le degré du vin est-il toujours le même d'une année sur l'autre ?
- What is the degree of alcohol specified in the appellation law?
  Quel est le degré alcoolique défini par l'appellation ?

---

*   Percentage of alcohol.

Vinification of red wines
Vinification des vins rouges

DESTEMMING - CRUSHING *EGRAPPAGE - FOULAGE*

PRE-FERMENTATION MACERATION *MACERATION PRE-FERMENTAIRE*

- Do the musts macerate before fermentation?
  Les moûts macèrent-ils avant la fermentation ?
- What is the aim of this maceration?
  Quel est le but de cette macération ?
- At what temperature does this maceration take place? How long does it last?
  A quelle température cette macération a-t-elle lieu ? Combien de temps dure-t-elle ?

FERMENTATION

ENCOURAGING EXTRACTION
FAVORISER L'EXTRACTION

Remontage*

- Do you use the *remontage* process during fermentation?
  Pratiquez-vous le remontage pendant la fermentation ?
- What is the frequency of the *remontage*?
  A quelle fréquence procédez-vous au remontage ?
- Does the remontage make an effect on the wine?
  Le remontage apporte-t-il quelque chose au vin ?
- What is the difference with *pigeage***?
  Quelle est la différence avec le pigeage ?*

Pigeage**

- Do you use the *pigeage* process during fermentation?
  Pratiquez-vous le pigeage pendant la fermentation ?

Pressoir pneumatique

---

*   Some juice is pumped from the base of the vat and poured on to the hat.
** The hat is punched down in the vat.

- Is the wine tread manually or by machine?
  Le pigeage est-il fait manuellement ou mécaniquement ?

- What is the frequency of must treading?
  A quelle fréquence les moûts sont-ils pigés ?

- Why is manual pigeage dangerous for the person who does it?
  Pourquoi le pigeage humain représente-t-il un risque pour la personne qui le fait ?

POST-FERMENTATION MACERATION - DEVATTING
MACERATION POST-FERMENTAIRE - DECUVAISON

- How long after the end of fermentation is the wine devatted?
  Combien de temps après la fin de la fermentation le vin est-il décuvé ?

- What does the wine gain from this post-fermentation maceration?
  Qu'est-ce que le vin gagne au cours d'une macération post-fermentaire ?

PRESSING* *PRESSURAGE*

- How many times is the marc pressed?
  *Combien de fois le marc** est-il pressé ?*

- Is the press wine blended with the free-run wine?
  *Le vin de presse*** est-il ajouté au vin de goutte**** ?*

ELEVAGE

STYLE - BODY : aromas, tannins, acidity, fruit, colour,...
STYLE - CONSTITUTION : arômes, tanins, acidité, fruit, couleur,...

- What kind of wine is your speciality?
  Quel style de vin favorisez-vous ?

- Do you aim for a precise body
  Recherchez-vous une constitution particulière ?

- Are your wines made for keeping?
  Vos vins sont-ils bâtis pour la garde ?

---

*   The pressing takes place in a press, known as a pressoir.
**   Marc : all the solids that are left after pressing : skins, seeds, stalks.
***   Wine resulting from pressing the marc.
**** Wine that is drawn off when the vat is opened.

Vinification of white wines
Vinification des vins blancs

DESTEMMING - CRUSHING *EGRAPPAGE - FOULAGE*

SKIN MACERATION* *MACERATION PELLICULAIRE**

- Does the must undergo skin maceration?
  Le moût subit-il une macération pelliculaire ?

- Why does skin maceration take place at a low temperature?
  Pourquoi la macération pelliculaire a-t-elle lieu à basse température ?

- How do you know when to stop it?
  Comment savez-vous à quel moment l'arrêter ?

- What are the benefits of skin maceration?
  Qu'obtenez-vous grâce à la macération pelliculaire ?

PRESSING *PRESSURAGE*

- What is the importance of pressing gently?
  Quelle est l'importance de la douceur du pressurage ?

- How many times are the grapes pressed?
  *Combien de fois les raisins sont-ils pressés** ?*

- Is there a difference of quality between the juices produced?
  Y a-t-il une différence de qualité entre les différents jus obtenus ?

- How long does pressing last?
  Combien de temps dure le pressurage ?

SULPHITING** *SULFITAGE****

- Do you dust sulphur dioxide on the must?
  Sulfitez-vous les moûts ?

- Do you add sulphur dioxide every year?
  Utilisez-vous du soufre chaque année ?

---

*   Skin maceration : the whole berries ferment under carbon dioxide protection, this process encourages fruit flavours.
**   The first juice obtained is called free-run must, because due to the very gentle pressing it more or less draws off by itself. The following juices constitute the press must.
*** The use of sulphur dioxide.

- Why is the sulphur dioxide dusted on the must and not on the grapes?
  Pourquoi sulfitez-vous les moûts et non les raisins ?

- What quantity of sulphur dioxide do you use? Is there a maximum amount which is not to be exceeded ?
  Quelle quantité de soufre utilisez-vous ? Est-ce qu'il y a des quantités à ne pas dépasser ?

SETTLING OF THE MUST* *DEBOURBAGE**

- What is the purpose of must settling?
  Quel est le but du débourbage ?

- What *débourbage* process do you use?
  Quelle technique de débourbage utilisez-vous ?

FERMENTATION

ELEVAGE

STYLE - BODY : aromas, acidity, fruit, ...
STYLE - CONSTITUTION : arômes, acidité, fruit,...

- What kind of wine is your speciality?
  Quel style de vin favorisez-vous ?

- Do you aim for a precise body?
  Recherchez-vous une constitution particulière ?

- Are your wines made for keeping?
  Vos vins sont-ils bâtis pour la garde ?

---

* Débourbage : clarification of the suspended matter in the must (skins, stalks and seeds) The must can be clarified by spontaneous sedimentation, whereby the deposit falls to the base of the vessel, but there are other methods

Alcoholic fermentation
La fermentation alcoolique

VINS ROUGES
(Egrappage) - (foulage)
(Macération pré-fermentaire)
▶ *Fermentation alcoolique*
(Macération post-fermentaire)
Pressurage
(Fermentation Malolactique)
Elevage

VINS BLANCS
(Egrappage)
(Macération pelliculaire)
Pressurage
Débourbage
▶ *Fermentation alcoolique*
(Fermentation Malolactique)
Elevage

Cuves inox

Fermentation

VESSEL *CONTENANT*

- Do you vinify each wine in the same kind of vessel?
  Vinifiez-vous chacun de vos vins dans les mêmes contenants ?

- What kind of vessel do you use to ferment the wine?
  Quels contenants utilisez-vous pour la fermentation ?

- How do you determine whether a wine should be fermented in a vat or in a barrel?
  Comment déterminez-vous si un vin doît être fermenté en cuve ou en fût ?

- Does fermentation take place in an open or closed vat? What is the difference?
  La fermentation a-t-elle lieu en cuve ouverte ou fermée ? Quelle est la différence ?

STARTING *DEMARRAGE*

- Does fermentation start by itself?
  La fermentation démarre-t-elle par elle-même ?
- What are the conditions necessary to start fermentation?
  Quelles sont les conditions pour que la fermentation démarre ?
- Do you add yeast?
  Utilisez-vous des levures ?
- What are the benefits from using wild yeast?
  Quel est l'apport des levures indigènes ?
- Do you add sugar to the must*? Every year?
  Chaptalisez-vous les moûts ? Chaque année ?*
- How do you decide the amount of sugar needed?
  Comment déterminez-vous la quantité de sucre ?

LENGTH - TEMPERATURE *DURÉE-TEMPERATURE*

- How long does the alcoholic fermentation take?
  Combien de temps dure la fermentation alcoolique ?
- At what temperature does the must rise?
  A quelle température montent les moûts ?
- Do you adjust the temperature to slow down or accelerate the fermentation process?
  Régulez-vous la température pour ralentir ou accélérer la fermentation ?
- What do you expect from vinifying at low (high) temperature?
  Que recherchez-vous en vinifiant à basse (haute) température ?
- What could happen to if you exceed the fixed temperature?
  Quels sont les risques pour le vin si vous dépassez la température fixée ?

ALCOHOLIC STRENGTH** *DEGRÉ ALCOOLIQUE*******

- What is the alcoholic strength at the end of fermentation?
  Quel est le degré alcoolique en fin de fermentation ?
- Is the degree of alcohol the same every year?
  Ce degré est-il le même chaque année ?

WITH THE WINEGROWER *With a glass in hand*

---

*   Chaptalisation : addition of sugar to the must before fermentation to increase the alcoholic strength. This is a controlled practice.
** Percentage of alcohol.

Rosé wines *Vins rosés*

STRAIGHT PRESSING *PRESSURAGE DIRECT*

The rosé wine is produced from black grapes vinified as a white wine.
Le vin rosé est obtenu à partir de raisins noirs vinifiés comme pour un vin blanc.

- Is this rosé wine produced from straight pressing?
  Ce vin rosé est-il issu d'un pressurage direct ?
- Why do you use this method?
  Pourquoi pratiquez-vous cette méthode ?
- Are all the grapes black or do you add a proportion of white grapes?
  Tous les raisins sont-ils noirs ou bien ajoutez-vous une proportion de blancs ?

MACERATION ROSÉ *ROSÉ DE MACÉRATION*

The wine is vinified as the red wines are, but when the rosé tinge appears the skins are racked and the wine ends its fermentation in another vessel.
Le vin est vinifié comme un vin rouge, mais lorsque le jus atteint la teinte rosée, il est alors séparé des peaux et continue sa fermentation dans un autre récipient.

- How do you determine the moment to rack off the wine?
  Comment déterminez-vous le moment où décuver le vin ?
- Is it the colour or the taste that guides your choice?
  Est-ce la couleur ou le goût qui vous guide ?
- How does the fermentation take place then?
  Comment se déroule la fermentation ensuite ?
- Are rosé wines for keeping?
  Les vins rosés sont-ils des vins qui se gardent ?

BLEED *SAIGNÉES*

During the fermentation of a red wine, some juice (rosé tinged) is drawn off, this is a bleed.
Au cours de la vinication d'un vin rouge, du jus (rosé) est soutiré, c'est la saignée.

- Do you use the bleeding method?
  Pratiquez-vous la méthode des saignées ?
- Is this method also a means to make concentrated red wine?
  Est-ce aussi une méthode qui permet la concentration du vin rouge ?

Liquoreux wines *Vins liquoreux*

Vendanges tardives - passerillage - pourriture noble
Vinification of white wines - Harvest

- What are the characteristics of fermenting grapes which have a high sugar content?
  Quelles sont les particularités de la fermentation de raisins très riches en sucre ?

- Do these wines need special care during the maturing period?
  Ces vins demandent-ils des soins particuliers pendant l'élevage ?

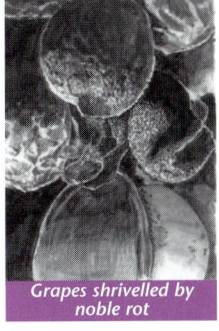

Grapes shrivelled by noble rot

- How long after the harvest are these wines bottled?
  Combien de temps après la récolte les vins sont-ils mis en bouteille ?

- Can wines with a high residual sugar* content start a second fermentation?
  Y a-t-il un risque de refermentation avec des vins qui ont beaucoup de sucres résiduels ?

Vins de liqueur - Vins doux naturels

Vin de liqueur** : Some grape brandy is added to non-fermented must
De l'alcool de vin est ajouté aux moûts non fermentés.
Vin doux naturel*** : Some grape brandy is added to fermenting must to stop the process and keep the unfermented natural sugar of the wine.
De l'alcool de vin est ajouté aux moûts, alors que la fermentation est en cours, pour la stopper et garder ainsi les sucres naturels du raisin.

- What method do you use to fortify the wine?
  Selon quel procédé fortifiez-vous le vin ?

- What kind of spirit do you use?
  Quel alcool utilisez-vous ?

- At what degree of alcohol does one fortify the wine?
  A partir de quel degré d'alcool le vin est-il fortifié ?

- Do fortified wines have a longer lifespan than other wines?
  Les vins fortifiés se conservent-ils plus longtemps que d'autres ?

---

*   Residual sugar : sugar which has not been converted into alcohol during fermentation.
** In France, the vins de liqueur are under the spirits law.
*** The Vins Doux Naturels are under the wine law.

Il vous explique que, grâce aux qualités de chacun, il élabore un vin qui sera riche des nuances et des expressions du domaine

Nuances et expressions

Quelqu'un demande quel est l'intérêt d'avoir des vins si différents? Quel est l'intérêt d'avoir un vin qui a un nez merveilleux et un autre qui a une bouche onctueuse ? Sont-ils appréciés séparément pour leurs qualités ?
"Oui, ces qualités nous servent à bâtir les assemblages".
"Vous mélangez les vins ?"
"Non, nous les assemblons, ce n'est pas la même chose".

Il vous explique que, grâce aux qualités de chacun, il élabore un vin qui sera riche des nuances et des expressions du domaine, qu'il compose des accords.

Qu'il compose des accords ? Votre vigneron serait-il maître parfumeur ? poète ?

Au bout d'un certain temps d'élevage, continue-t-il à vous expliquer, toujours cuvée par cuvée pour bien respecter leur tempérament, il élabore des possibilités qu'il déguste seul et avec d'autres personnes du métier.

"Chaque millésime offre des possibilités différentes, même si j'ai un schéma en tête et que je sais plus ou moins comment travailler chaque vin".

Quand vous sortez, un peu plus tard, votre bouche est encore emplie des arômes et des saveurs que le vigneron et le vin vous ont racontés, vous retrouvez la lumière éblouissante du soleil et la chaleur de l'été.
Quelle heure est-il ?

He explains that by drawing on each wine's qualities, he can create a wine that is rich in the domaine's nuances and expressions

Nuances and Expressions

"What's the point of having such different wines?" someone asks. "What is the point of having one wine with a wonderful nose, and another with a velvety mouth? Are they enjoyed separately for their individual qualities?"

"Yes. Those qualities help us in creating our blends."
"You mean you mix the wines?"
"No, we blend them. It's not the same thing."

He explains that by drawing on each wine's qualities, he can create a wine that is rich in the domaine's nuances and expressions, a composition of harmonies.

What does he mean, composing harmonies? Could your winemaker be a master perfume maker - or a poet? When the wine has reached a certain age, the winemaker explains, he will try out various possible blends, which he tastes either alone or with other people in the business. And he always works one vat at a time, respecting each batch's individual personality.

"Each vintage has different possibilities," he says, "even if I have a plan in mind and know more or less how to work with each wine."

When you emerge sometime later, your mouth is still full of the smells and tastes that the winemaker and his wine have been sharing with you. You step out intro the dazzling summer sunshine and heat.
What time is it?

Quelques explications...

- **Cuvée**

    Contenu d'une cuve ou d'un fût qui peut être la sélection d'un terroir, d'une parcelle, d'un cépage... (cf aussi la partie sur le Champagne).

- **Cuvaison**

    Période que passe le vin dans une cuve, du stade du moût à celui de vin. La durée de cuvaison est plus ou moins longue selon le vin et le résultat que souhaite le vigneron.

- **Assemblage**

    Comme un parfum est l'assemblage de plusieurs essences, un vin peut être l'assemblage de plusieurs cuvées dont les personnalités se complètent : le vin de presse et le vin de goutte, des vins issus de parcelles différentes, de cépages différents,... d'années différentes pour le Champagne.

- **L'élevage**

    Le vin n'est pas prêt après la fermentation ou les fermentations. Il est préparé à la commercialisation ou au vieillissement pendant la période d'élevage, à la fois période de repos et de soins, toujours guidée par les objectifs de la personne qui l'élabore. Un repos plus ou moins long pour vieillir, se stabiliser, épanouir ses arômes... Divers soins prodigués pour le purifier et l'aérer (soutirages) en fonction de son tempérament. Un élevage en cuve inox, en fût neuf, en fût qui a déjà vécu, pour rechercher ou limiter des réactions ou des échanges avec le contenant.

- **Vieillissement**

    Processus pendant lequel le vin est traversé par différentes phases d'évolution qui le modifient. Enfermé dans une bouteille, le vin se dirige vers son apogée. Vivant, il ouvre des fenêtres pendant lesquelles il propose différentes expressions, différentes nuances avant de diminuer, de se fâner et de mourir. Le Bouquet sont les arômes que le vin acquière pendant le vieillissement.

- **Mémoire du vin**

    Le vin a la mémoire de sa vie de raisin sur la vigne. Le vin jeune est soumis, surtout chez les vins naturels, à l'influence du cycle végétatif de la vigne. Cela peut se traduire par une légère effervescence au moment de la montée de sève, des périodes de fermeture au moment des vendanges où les arômes nécessiteront une longue aération du vin avant de s'offrir... en vieillissant le vin perd un peu la mémoire et subit davantage l'influence des cycles lunaires, des températures... chaque vin réagit à sa façon. Un vin peut être ouvert au moment des vendanges et son grand frère du millésime précédent complètement fermé. Il n'y a pas de règle.

- **Lie**

    Résidus de fermentation (principalement des levures mortes) qui se déposent au fond des récipients qui contiennent le vin.

Some simple explanations...

■ **Cuvée**
The contents of a vat or of a cask which can be the selection from a terroir, from a plot of land, from a grape variety... (see also the section about Champagne).

■ **Cuvaison - Vatting**
The period when the vine passes in the vat, from the must stage into wine. Vatting time varies depending on the wine and the result desired by the wine grower.

■ **Assemblage - Blending**
Like a perfume is the blending of several essences, a wine can be the blending of several cuvées whose personalities complement each other: press wine and free run wine, wines coming from different plots, from different grape varieties... from different years for Champagne.

■ **L'élevage - Maturing**
Wine is not ready after fermentation or fermentations. It is prepared for commercialisation or ageing during a period of maturing, which is also a period of rest and of care, always guided by the aims of the person developing it. A rest more or less long to age, to stabilise, to bring out its aromas... Various treatments lavished in its purification and its aeration (rackings) based on its temperament. Maturing in a stainless steel vat, in a new cask, in a well-used cask, to seek out or limit the reactions and the exchanges with the vessel.

■ **Vieillissement - Ageing**
The process during which the wine is put through different stages of evolution which modify it. Closed inside a bottle, the wine makes its way towards its peak. Living, it opens doors while it proposes different expressions, different nuances before dying down. The Bouquet is the aromas which the wine acquires during ageing.

■ **Wine memory**
Wine retains the memory of its life as a grape on the vine. Young wine, especially natural wines, are submitted, above all, to the vegetative life cycle of the vine. This can be translated by a light effervescence when the sap was rising, closing periods at the time of the wine harvesting where the aromas will need a long aeration for the wine so as to offer itself... in ageing, the wine loses a little of its memory and over the years undergoes both lunar and temperature cycles... each wine reacts in its own way. A wine can be open during harvesting while its elder brother from the previous millésime remains completely closed. There are no rules.

■ **Lee**
Fermentation residue (principally dead yeasts) which ends up at the bottom of the wine containers.

Malolactic fermentation
Fermentation Malolactique

- Do the wines undergo the malolactic fermentation?
  Les vins «font»-ils leur fermentation malolactique ?
- How do you stop the malolactic fermentation?
  Comment bloquez-vous la fermentation malolactique ?
- How long after alcoholic fermentation does it take place?
  Combien de temps après la fermentation alcoolique a-t-elle lieu ?
- Do you provoke it?
  La provoquez-vous ?
- What are the benefits for your wines in provoking it?
  Quel est l'intérêt pour vos vins de la provoquer ?
- Does it allow the expression of new aromas?
  Permet-elle à d'autres arômes de s'exprimer ?

Maturing *Elevage*

THE OBJECTIVES OF THE MATURER *LES OBJECTIFS DE L'ÉLEVEUR*

- What are your objectives regarding maturing?
  Quels sont vos objectifs pour l'élevage ?
- What choices do you have?
  Quels sont vos choix ?

WINE'S DEVELOPMENT *EVOLUTION DU VIN*

- Does the composition of the wine change during the maturing process?
  La constitution du vin se modifie-t-elle pendant l'élevage ?
- How does maturing influence the aromas?
  Quelle est l'influence de l'élevage sur les arômes ?
- Do some new aromas appear?
  De nouveaux arômes s'expriment-ils ?

- Can the degree of alcohol change during the maturing period?
  Le degré alcoolique peut-il varier au cours de l'élevage ?

LENGTH *DUREE*

- How long is the maturing period?
  Combien de temps dure l'élevage ?
- Is the length of maturing linked to certain factors?
  La durée de l'élevage est-elle fonction de certains facteurs ?
- Is there a minimum length fixed by the appellation law?
  Y a-t-il une durée minimum imposée par l'appellation ?

VESSEL *CONTENANT*

- Does maturing take place in a barrel or in a vat?
  L'élevage a-t-il lieu en fût ou en cuve ?
- Does maturing take place in the fermentation vessels?
  L'élevage se poursuit-il dans les même cuves que la vinification ?
- What importance does the barrel have in your maturing process?
  Quel est le rôle du fût dans votre élevage ?
- Are all the barrels the same kind?
  Tous les fûts sont-ils du même type ?
- Are they old or new barrels?
  S'agit-il de fûts anciens ou de fût neuf ?
- What is the difference between the two?
  Quelle est la différence entre les deux ?
- Is the origin of the wood important to you?
  Accordez-vous de l'importance à l'origine du bois ?
- For what reason do you prefer to mature the wine in vats?
  Pour quelle raison préférez-vous élever les vins en cuve ?

RACKING* *SOUTIRAGE**

- Is the wine racked during maturing?
  Réalisez-vous des soutirages pendant l'élevage ?

- How do you decide the frequency of racking?
  Comment déterminez-vous la fréquence des soutirages ?

- Is it the same frequency for each vat?
  La fréquence du soutirage est-elle la même pour toutes les cuvées ?

- Does racking need to be done with care?
  Le soutirage est-il une opération délicate ?

- Is the wine aerated during racking?
  Le vin est-il aéré pendant le soutirage ?

THE CARE OF WHITE WINE *SOINS DES VINS BLANCS*

- Do you keep the wine with their lees?
  Gardez-vous les vins sur lies ?

- What is the benefit of the lees on the wine?
  Quelle est l'influence des lies sur le vin ?

- Do you stir** the wine?
  *Bâtonnez**-vous les vins ?*

- What is the stirring frequency?
  Quelle est la fréquence des bâtonnages ?

- How do you know when to stir?
  Comment déterminez-vous la fréquence des bâtonnages ?

TOPPING UP*** *OUILLAGE****

- Do the barrels need to be topped up?
  Les fûts ont-ils besoin d'être ouillés ?

- What is the reason for wine evaporation?
  Pourquoi le vin s'évapore-t-il ?

OTHER TREATMENT *AUTRES SOINS*

- Are there any other special treatments to administer to the wines during the maturing process?
  Apportez-vous d'autres soins au vin pendant l'élevage ?

---

*   Soutirage: gentle draining of the wine from one vessel to another to separate it from its lees and leave them in the first vessel. It may also be the opportunity to aerate the wine if it needs it.
** Bâtonnage: the lees are stirred with a bâton (a stick) to put them back in suspension.
*** Ouillage: some wine is added to top up the barrels that experienced wine evaporation.

FINING* *COLLAGE**

- Are the wines fined before bottling?
  Les vins sont-ils collés avant la mise en bouteille ?
- What fining agent do you use?
  Avec quelle matière réalisez-vous le collage ?
- For what reasons do you not fine the wine?
  Pour quelles raisons évitez-vous le collage ?

FILTRATION** *FILTRAGE***

- Are the wines filtered before bottling?
  Les vins sont-ils filtrés avant la mise en bouteille ?
- What is your filtration method?
  Quels filtres utilisez-vous ?
- For what reasons do you not filter the wine?
  Pour quelles raisons évitez-vous de filtrer le vin ?

BOTTLING *MISE EN BOUTEILLES*

- Does bottling take place at the estate?
  Réalisez-vous la mise en bouteilles au domaine ?
- Does bottling fatigue the wine?
  Est-ce une opération qui fatigue le vin ?
- How does the bottling take place, by pump or by gravity?
  Comment la mise en bouteilles se fait-elle, par pompage ou par gravité ?
- Are the wines bottled on their lees***?
  Les vins sont-ils mis en bouteilles sur lies***?
- What are the benefits of this method on the wine?
  Qu'est-ce que cette technique apporte au vin ?

---

*   Fining: a fining agent is poured into the maturing vessel (for example, egg whites or clay) and takes the impurities with it as it sinks to the bottom. The aim is to avoid sediment in the bottle.
** Filtration: the sediment and the lees are passed through a filter. This method is easier than fining when the wine has not matured in small vessels.
*** artisanal method fixed by law for white wines which are to be drunk young.

▲ **Blending** *Assemblages*

- At what time of year do you prepare blendings?
  A quelle période de l'année réalisez-vous les assemblages ?

- How do you decide the proportions to blend?
  Comment déterminez-vous les proportions des assemblages ?

- Do you alone, make the decision for the blendings?
  Décidez-vous seul des assemblages ?

- Do you try several blends before deciding on the final blend?
  Faîtes-vous plusieurs essais avant de déterminer les assemblages définitifs ?

- Do you taste wines at precise times of their development?
  Dégustez-vous les vins à des moments précis de leur évolution ?

▲ **Mémoire et garde du vin** *Wine memory and cellaring*

- Do your wines follow the vine cycle?
  Vos vins sont-ils sensibles au cycle végétatif de la vigne ?

- How do they react?
  Quelles sont leurs réactions ?

- How long does it take for the wine to reach its peak?
  Au bout de combien de temps les vins atteignent-ils leur apogée ?

- Do your wines have particular periods of «opening» during the year?
  Vos vins ont-ils dans l'année des périodes d'ouverture bien particulières ?

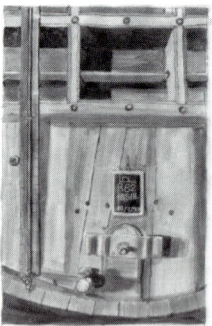

Assemblage examples

Example of Beaujolais
A blend of different aged vines
100% Gamay

- 10% vines aged 50 years old
  Strength

- 30 % vines aged 30 years old
  Strength, body, fruit

- 60 % young vines
  Fruit and lightness

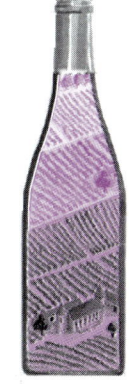

Example of Bordeaux S^T Emilion
A blend of different grape varieties

- 70% Merlot
  Fruit + suppleness

- 30 % de Cabernet Franc
  Minerality + vivacity

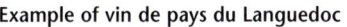

Example of vin de pays du Languedoc
A blend of wines matured in different barrels.
100% Merlot

- 15% matured in new barrels
  Tannins, aromas

- 20 % matured in one previous wine barrels
  Tannins more supple

- 30 % matured in two previous wines barrels
  Tannins even more supple

- 35 % matured in three previous wines barrels

Quelques explications...

- **Des bulles**

    Les bulles des vins effervescents proviennent du gaz carbonique dissous dans le vin, enfermé dans la bouteille. Il y a plusieurs méthodes pour obtenir ces bulles dont la méthode rurale et la méthode traditionnelle.

- **Méthode rurale**

    Le vin est mis en bouteille avant la fin de la fermentation. Celle-ci se termine dans la bouteille, le gaz carbonique produit donnera les bulles.

- **Méthode traditionnelle**

    Le vin tranquille, obtenu après une fermentation classique, est mis en bouteille avec un mélange de sucre et de levures au moment de la montée de sève, cela encourage le déclenchement d'une seconde fermentation dans la bouteille. Le gaz carbonique produit donnera les bulles. Le dépôt de cellules mortes créé par cette nouvelle fermentation est recueilli dans le col de la bouteille, placée sur un pupitre, par les opérations de remuage. Ce dépôt est extrait lors du dégorgement. La bouteille ouverte, on comble ensuite le vide laissé par le dégorgement par la liqueur d'expédition composée d'un peu de vin, un peu de mystère et d'un dosage en sucre variant suivant le vin que l'on souhaite obtenir : sec, demi-sec, brut. La bouteille reçoit ensuite son bouchon définitif, solidement maintenu par un muselet de fer. C'est ainsi que le Champagne est élaboré. Le Crémant d'Alsace et la Blanquette de Limoux également.

- **Le Champagne**

    Le Champagne provient de la région qui porte le même nom. Les sols calcaires, le climat septentrional, les raisins qui luttent pour mûrir, la cueillette manuelle obligatoire, les crus classés, sont le paysage des trois cépages cultivés : le Chardonnay, le Pinot noir, le Pinot Meunier. Deux cépages noirs pour un vin blanc? Oui, car les pressoirs de Champagne sont particuliers, si précis que le jus traverse les peaux sans se colorer. Le premier jus est appelé "cuvée", c'est un jus de grande qualité. Les jus suivants se nomment : première taille, deuxième taille, rebêche. Le Champagne est élaboré par des Maisons de Champagne, il s'agit d'un vin de marque. Chaque Maison a un goût qu'elle parvient à maintenir d'année en année grâce à la méthode complexe des assemblages : assemblages des cépages, des cuvées, des millésimes... c'est la raison pour laquelle les Champagnes sont "sans année". Il y a aussi des maisons qui proposent des Champagnes millésimés lorsque l'année leur semble pouvoir offrir ce cadeau.

Some simple explanations...

- **Bubbles**

  Effervescent wine bubbles come from carbon dioxide gas dissolved in the wine trapped in a bottle. There are several ways of producing these bubbles such as the rural method and the traditional method.

- **Rural method**

  The wine is bottled before fermentation has finished. The latter is then completed in the bottle so that the carbon dioxide gas will produce bubbles.

- **Traditonal method**

  Still wine, *vin clair*, obtained by a classical fermentation, is bottled just when the sap is rising with a mixture of sugar and yeast. This encourages the release of a second fermentation in the bottle. The resulting carbon dioxide gas produces these bubbles. The deposit of dead cells created by this new fermentation collects in the neck of the bottle, placed on a rack, by riddling operations (*remuage*). This deposit is extracted at the time of *dégorgement*. With the bottle opened, one then makes up for the space left in the degorgement by a *liqueur d'expédition*, lit. dispatching liquor, made up of a little wine, a little mystery and a dose (*dosage*) of sugar depending on the wine one would like to obtain: *sec, demi-sec, brut*. The bottle then receives its final cork, firmly held in place by a *muselet*, an iron muzzle. This is the way Champagne is made. So also the Crémant d'Alsace and the Blanquette de Limoux.

- **Champagne**

  Champagne comes from the region of the same name. The chalk soils, the northern climate, the grapes which struggle to ripen, the obligatory manual harvest, the classified crus, are the canvas for the three grape varieties cultivated: Chardonnay, Pinot noir, Pinot Meunier. Two black grape varieties for a white wine? Yes, because the Champagne wine presses are very special, so precise that the juice crosses the skin without being coloured. The first juice is called "*cuvée*", it's a top quality juice. The subsequent juices are called: first *taille*, second *taille*, *rebêche*. Champagne is made by the *Maisons de Champagne* and is all about a distinguished brand. Each *Maison* has a taste which it manages to sustain from year to year thanks to the complex assemblage: assemblies of wine varieties, of cuvées, of millésimes... it's the reason why Champagnes do not belong to any particular year. There are also houses which propose *millésime* Champagnes whenever the year appears to have offered them this gift.

 Le Champagne

VITE! VITE!

- How long is the progression from the vineyard to the press?
  Combien de temps s'écoule entre la cueillette et le pressurage ?

- Why should the delivery time be as short as possible?
  Pour quelle raison le transport doit-il être rapide ?

PRESSURAGE

- Are the grapes weighed before pressing?
  Pèse-t-on le raisin avant de le presser ?

- Why should the grapes be pressed very gently?
  Pourquoi le pressurage doit-il être délicat ?

- How many pressings do you get?
  Combien de pressées obtenez-vous ?

- Are the juices blended?
  Assemblez-vous les jus ensuite ?

FERMENTATION ACTE 1

- Do the different juices ferment separately?
  Les pressées fermentent-elles séparemment ?

- Do you ferment some wines in barrels?
  Certains vins sont-ils fermentés en fût ?

- Is this fermentation particularly delicate?
  Est-ce une fermentation particulièrement délicate ?

- How long does fermentation last?
  Combien de temps dure la fermentation ?

- Does the wine undergo malolactic fermentation?
  Le vin subit-il la fermentation malolactique ?

DEGUSTATION ET ASSEMBLAGE

- When do blendings take place?
  A quelle période se déroulent les assemblages ?
- What is the aim of tasting at this moment?
  Quel est le but de la dégustation à ce moment ?
- Is it by blending that the style of the house is maintained?
  Est-ce par l'assemblage que se perpétue un "style maison" ?
- What does each grape variety bring to the wine?
  Quel est le rôle des différents cépages ?
- What are the proportions used of each grape variety and reserve wine?
  Quelles sont les proportions des différents cépages et de vin de réserve ?
- What are the necessary conditions to produce a Champagne millésimé?
  *Quelles sont les conditions pour produire un Champagne millésimé**?*

LIQUEUR DE TIRAGE - FERMENTATION ACTE 2
sugar + yeasts (*liqueur*) yield alcohol + CO2 (bubbles) + lees

- How long does the wine rest before tirage?
  La deuxième fermentation a-t-elle lieu à un moment particulier de l'année ?
- What is the purpose of the liqueur?
  Quel est le rôle de la liqueur ?
- Is the liqueur added in the bottle or in the vat?
  La liqueur est-elle ajoutée dans la bouteille ou dans la cuve ?
- When is the wine transferred to bottles?
  Quand le vin est-il transféré en bouteilles ?
- Is it the second fermentation that produces the bubbles?
  Est-ce au moment de la deuxième fermentation que sont créées les bulles ?
- What is the pressure in the bottle at the end of the second fermentation?
  Quelle est la pression dans la bouteille à la fin de la seconde fermentation ?
- What happens to the dead yeasts that are still in the bottle?
  Que deviennent les levures mortes emprisonnées dans la bouteilles ?

- Do the dead yeasts influence the taste of Champagne?
  Est-ce que les levures mortes jouent un rôle dans le goût futur du Champagne ?

- How long does the second fermentation take?
  Combien de temps dure cette seconde fermentation ?

- How can it be so slow?
  Grâce à quels facteurs est-elle aussi lente ?

- How does the wine benefit from this fermentation?
  Quelles caractéristiques le vin gagne-t-il au cours de cette fermentation ?

REPOS - MISE EN MASSE

- Where are the bottles stored after the second fermentation?
  Comment sont entreposées les bouteilles à partir de la seconde fermentation ?

- Is there a minimum ageing time?
  Y a-t-il une durée minimum de vieillissement ?

- Does each cuvées have the same ageing time?
  Est-ce que les différentes cuvées ont la même durée de vieillissement ?

MANIPULATION - REMUAGE

- What is the aim of the remuage process?
  Quel est le but du remuage ?

- Is it a manual or mechanical process?
  Est-ce que le remuage est manuel ou mécanique ?

- Is there a detectable difference between manual and mechanical remuage?
  Une différence entre le remuage manuel et mécanique peut-elle être ressentie à la dégustation ?

Remuage

- How long does it take to get the lees in the neck of the bottle?
  En combien de temps amène-t-on le dépôt dans le col ?

- What does «sur pointes» mean?
  Que signifie l'expression "sur pointes" ?

MANIPULATION - DEGORGEMENT

- How is the sediment removed?
  Quelle est la technique pour chasser le dépôt ?

- Does dégorgement take place right after the remuage?
  Est-ce que le dégorgement se déroule tout de suite après le remuage ?

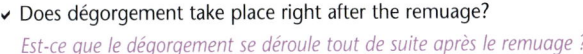
Dégorgement

LIQUEUR D'EXPEDITION

- What fills the bottles after the sediment has been ejected?
  Avec quoi remplace-t-on le volume laissé vide par le dépôt ?

- What is the liqueur d'expédition made from?
  Quelle est la composition de liqueur d'expédition ?

- What is the sugar content?
  Quelle est le dosage en sucre ?

- Is it at this moment that the Champagne cork is inserted?
  Est-ce à ce moment-là que l'on met le fameux bouchon de Champagne ?

CHAMPAGNE ROSÉ

- How do you produce Champagne rosé?
  Quelle est la technique pour obtenir du Champagne rosé ?

Styles of Champagne

Brut :	brut, under 15 g/l of residual sugar
Sec :	dry, between 17 and 35 g/l of residual sugar
Demi-sec :	medium dry, between 33 and 50 g/l of residual sugar
Assemblage :	non-vintage wine
Millésimé :	made from grapes picked the same year.
Blanc de Blancs :	made solely from Chardonnay the only white grape variety authorized in Champagne.
Blancs de Noirs :	made entirely from black grapes (Pinot Noir, Pinot Meunier)
Rosé :	a little red wine from the region is added to the white blend or made like a rosé wine.

Codes on the label

N.M.	letters for *Négociants-Manipulants* (large company or house)
R.M.	for *Récoltants-Manipulants* (growers who make their own wine)
C.M.	for *Coopérative de Manipulation* (co-operative)
M.A.	for *Marque Auxiliaire* (second brand of a winegrower)

The visit's end
Fin de la visite

You wish to thank your host for his warm welcome and maybe you wish to buy a few bottles of her or his wine.

THANK YOU *REMERCIER*

- We would like to thank you for your warm welcome.
  Nous vous remercions beaucoup de votre accueil.
- We really enjoyed visiting your estate.
  Nous avons beaucoup apprécié la visite de votre domaine.
- We really enjoyed tasting your wines.
  Nous avons beaucoup apprécié la dégustation de vos vins.
- We have learnt many interesting things.
  Nous avons appris beaucoup de choses très intéressantes.

PURCHASING *ACHETER*

- We would like to buy some bottles.
  Nous souhaiterions acheter quelques bouteilles.
- What are the vintages available?
  Quels sont les millésimes disponibles ?
- May I know your prices?
  Puis-je connaître vos prix s'il vous plaît ?
- When do you advise us to drink this wine?
  Quand nous conseillez-vous de boire ce vin ?
- What means of payment do you take?
  Quels moyens de paiement acceptez-vous ?

INFORMATION *DOCUMENTATION*

- Do you have a leaflet or a catalogue we can keep?
  Auriez-vous une brochure ou un catalogue à nous laisser ?
- Do you have a web site? an e-mail address?
  Avez-vous un site internet ? une adresse e-mail ?

GLOSSARY
WITH THE WINEGROWER

Domaine

aire d'appellation : *appellation area*
cave : *cellar*
cave de vinification : *winery*
cave de stockage : *storage cellar*
chai : *wine warehouse*
domaine : *domaine, estate*
exploitation viticole : *wine farm*
hectare : *hectare*
maître de cave : *cellar master*
superficie : *area*
vigneron : *winegrower*
vigneron de père en fils : *winegrower from father to son*
vignoble : *vineyard*

Vine

baie(s) : *berry(-ies)*
biodynamie : *biodynamics*
bois : *wood*
cépage : *grape variety*
conduire la vigne : *to train the vine*
désherbant : *weedkiller*
échalas : *stake*
engrais : *fertilizer*
engrais chimique : *chemical fertilizer*
enherbement : *grass cover crop*
feuille(s) : *leaf(-ves)*
floraison : *blossom, flowering*
grape de raisin : *bunch of grapes*
greffer (sur un rameau): *to graft (on to a vine shoot)*
labourer : *to plough*
ligne de culture : *farming lines*
maturité : *ripeness*
maturité physiologique: *physiological ripeness*
montée de la sève : *sap rising*
nouaison : *berry setting*
palisser : *to tie up*
pesticide : *pesticide*
pied de vigne : *vine stock*
planter : *to plant*
pousser, faire pousser : *to grow*
produire, rendre : *to yield*
racines : *roots*
rafle : *stalk, stem*
rangées de vignes : *rows of vines*
rendement : *yield*
résistant au gel : *frost-resistant*
sarment: *vine shoot*
sève : *sap*
taille : *pruning*
tailler : *to prune*
tracteur : *tractor*
tronc : *trunk*
véraison : *ripening*
vieilles vignes : *old vines*
vigne : *vine*
viticulture biologique : *organic viticulture*
yeux : *buds*

Climates

climat alpestre : *Alps climate*
climat atllantique : *Atlantic climate*
climat continental : *continental climate*
climat méditerranéen : *Mediterranean climate*
climat océanique : *oceanic climate*
climat tempéré : *temperate climate*

Weather

chaud (très) : *hot*
chaud : *warm*
degré (celcius) : *(celcius) degree*
doux : *mild*
frais : *cool*
froid : *cold*
gel : *frost*
geler : *to freeze*
grêle : *hail*
ensoleillé : *sunny*
microclimat : *microclimate*
neige : *snow*
neiger : *to snow*
orage : *storm*
pleuvoir : *to rain*
pluie : *rain*
pluvieux : *rainy*
sécheresse : *drought*
température : *temperature*
temps : *weather*
temps (beau) : *fine weather*
temps sec : *dry weather*
vent : *wind*

LEXIQUE
CHEZ LE VIGNERON

vents forts : *strong winds*
venteux : *windy*

Seasons
automne : *Autumn*
été : *Summer*
hiver : *Winter*
printemps : *Spring*

Soils
drainage : *drainage*
sol : *soil*
sous-sol : *subsoil*
sols d'alluvions : *soil composed of alluvium*
sols argilo-calcaires : *chalk and clay soil*
sols argilo-siliceux : *siliceous-clayey soil*
sols de galets roulés : *large pebbles soil*
sols granitiques : *granite soils*
sols de grès : *sandstone soil*
sols marneux : *marly soil*
sols marno-sableux : *sand and marl soil*
sols volcaniques : *volcanic soil*
température du sol : *soil temperature*
terre : *earth*
terre rouge : *red earth*

Rocks
roche : *rock*
ardoise : *slate*
ardoise brisée : *broken slate*

argile : *clay*
calcaire : *limestone*
craie : *chalk*
granit : *granite*
graviers : *gravel*
grès : *sandstone*
limon : *alluvium*
marne : *marl*
sable : *sand*
schiste : *schist*
silice : *silica*
minéraux : *minerals*

Topography
colline : *hill*
coteau : *hillside*
pente : *slope*
pente douce : *gentle slope*
pente raide : *steep slope*
plateau : *plateau*
terrasse : *terrace*

Harvest
ban : *harvest permit*
caisse : *crate, grape box*
cueillette : *picking*
cueillir : *to pick*
date des vendanges : *harvest date*
hotte : *back basket*
ouverture du ban : *harvesting permit*
panier : *basket*
sécateur : *shears*
vendanger : *to harvest*
vendangeur : *grape-picker*
vendanges : *harvest*
vendange en vert : *crop-thinning*

Vinification
acidité : *acidity*
alcool : *alcohol*
anhydride sulfureux : *sulphur dioxide*
arômes : *aromas*
aseptiser : *to sterilize*
assembler : *to blend*
assemblage : *blending*
basse température : *low temperature*
bâtonnage des lies : *agitation of the lees*
blanc d'oeuf : *egg white*
chai : *chai, storage building*
chapeau : *cap*
chaptalisation : *chaptalization*
clarifier : *to clarify*
coller, collage : *to fine, fining*
colle : *fining agent*
correction : *amelioration*
cuve : *vat*
cuve en bois : *wooden vat*
cuve en acier inoxydable : *stainless-steel vat*
cuve en ciment : *concrete vat*
débourbage (vin blanc) : *settling of must*
décuvaison : *devatting*
décuver : *to draw* off*
degré alcoolique : *percentage of alcohol*
écoulage : *running off*
égouttage : *draining*
égrappage : *destalking, destemming*
extraction : *extraction*

GLOSSARY
WITH THE WINEGROWER

fermentation : *fermentation*
fermentation alcoolique : *alcoholic fermentation*
fermentation en barrique : *barrel fermentation*
fermentation en bouteille : *fermentation in bottle*
fermentation intracellulaire : *intracellular fermentation*
fermentation malolactique : *malolactic fermentation*
fermenter : *to ferment*
fouler, foulage : *to crush, crushing*
fouloir : *crusher*
fût: *barrel*
gâteau : *cake*
gaz carbonique : *carbon dioxide*
haute température : *high temperature*
jus : *juice*
levures : *yeast*
levures indigènes : *natural, wild yeast*
levures mortes : *dead yeast*
lies : *lees*
macération : *maceration*
macération carbonique : *carbonic maceration*
macération pelliculaire : *skin contact*
macérer : *to macerate*
marc : *marc*
moût : *must, pomace*
moût de goutte : *free-run must*
moût de presse : *press-must*

peau du raisin : *grape skin*
pépins : *pips, seeds*
pigeage : *treading*
piger : *to tread**
pourriture noble : *noble rot*
presser : *to press*
presser le gâteau : *to press the cake*
pressoir : *press*
pressurage : *pressing*
pulpe : *pulp*
raisins : *grapes*
rafles : *stalks*
remontage : *pumping over*
saignée : *bleed*
soufre : *sulphur*
sucre : *sugar*
sulfitage : *sulphiting*
surveiller la température : *to check the temperature*
tanins : *tannins*
température : *temperature*
tonneau : *cask*
vin de goutte : *free-run wine*
vin de presse : *press wine*
vinification : *vinification, winemaking method, wine-making process*
vinifier : *to vinify*

Elevage

vieillissement : *ageing*
débourbage (premier soutirage) : *racking*
garder sur lies : *to leave* a wine on the lees*
filtrer, filtrage : *to filter, filtering*
élevage : *maturing*

élevage en barrique : *barrel maturing*
élevage en cuve : *vat maturing*
fût : *barrel*
fût en chêne : *oak barrel*
fût neuf : *new barrel*
mettre en bouteille : *to bottle*
mise en bouteille : *bottling*
ouillage : *topping up*
ouiller : *to top up*
oxydation : *oxidation*
soutirage : *racking*
soutirer : *to rack*
stabilisation : *stabilisation*
stabiliser : *to stabilise*
tonneau : *cask*

Champagne

Brut Sans Année : *non vintage BrutChampagne*
Champagne millésimé : *vintage Champagne*
Champagne rosé : *rosé Champagne*
dégorgement : *disgorging*
dosage : *adding «liqueur d'expédition»*
fermentation en bouteille : *bottle fermentation*
manipulation : *handling*
mise en masse : *bottles of Champagne in rows, one on top of the other*
remuage : *riddling*
repos : *rest*
liqueur d'expédition : *liqueuring sweet solution*

Interview

Eric JANIN

Vigneron dans le Beaujolais, producteur de Beaujolais Village et de Moulin-à-vent.

Marie-Paule Brousseloux est le contact export "d'Escapade en Beaujolais"

Nous sommes actuellement au mois de juillet, comment se déroule une de vos journées ?

Mes journées sont très chargées. Il y a le travail qui est plus ou moins programmé et il y a les imprévus qui bouleversent l'organisation. C'est souvent de l'improvisation.

Par exemple, la journée d'hier, vous l'avez commencée à quelle heure ?

Pas spécialement tard, entre sept heures et quart et sept heures et demie. J'ai organisé le chantier de travail pour deux personnes, une personne salariée et une personne stagiaire. J'ai préparé les outils et, ensuite, je suis allé sur les parcelles leur montrer le travail.

De mon côté, j'ai dû refaire quelques ouvrages en terre pour canaliser l'eau et ainsi protéger certaines parcelles avant la venue des orages. Chaque ouvrage est fragilisé avec les pluies qui se succèdent. On est obligé de faire cela à la pelle, de refaire des petits monticules pour guider l'eau.

En faisant ces razes, on appelle cela des razes, je me suis aperçu, à ma grosse surprise, que, dans une parcelle, j'étais assez sérieusement envahi par le mildiou. J'ai chamboulé mon programme pour protéger les grappes en les traitant avec un appareil à moteur, un petit atomiseur, que je porte sur le dos. J'ai fait cela à la dernière minute, de dix-sept heures à dix-neuf heures, hier soir, juste avant l'approche du premier orage.

Chaque journée est pleine de rebondissements. J'ai également fait du cisaillage. Il s'agit de couper les rameaux qui ont poussé excessivement avec une cisaille (une énorme paire de ciseaux). C'est un travail manuel que j'ai réalisé avec les deux personnes à qui j'avais confié ce travail en début de journée. Beaucoup de travaux se succèdent ainsi sur toute la journée.

Cela fait une belle journée de travail?

Oui, une belle journée. Il a fallu aussi recevoir des clients entre-temps, faire des dégustations plus quelques coups de téléphone et regarder les fax qui arrivent.

Sur l'année, y a-t-il une période qui est plus stressante que les autres ?

Oui, il y a même deux périodes qui se succèdent. Cela commence à partir du moment où finit la taille et que la vigne commence à pousser. Il y a beaucoup de labours à effectuer sur des périodes assez courtes, quand les conditions climatiques le permettent, quand le sol est suffisamment ressuyé, pas trop humide. Il y a, éven-

Interview

Eric JANIN

Winegrower in the Beaujolais, he produces Beaujolais Village and Moulin-à-vent.

Marie-Paule Brousseloux is the export contact of "Escapade en Beaujolais".

We are in July, so how do you organise your day ?

My days are very busy. There is the work which is more or less planned and there is the unexpected which upsets any organising. It's often improvisation.

Yesterday, for example, what time did you start?

Not particularly late, between 7.15 and 7.30 am. I organised the working area for two people, one salaried and the other a trainee. I prepared the tools and, then I went to the plots to show them their work.

For my part I had to remake certain mounds on the land to channel the water and so protect certain plots before the arrival of the storms. Each mound is weakened by the coming rain. You have to do this with a shovel, to rebuild the little dykes to guide the water. In making these razes, we call them razes, I noticed, to my great surprise, that in one parcel I had a rather serious attack of mildew.

I upset my programme to protect the grape clusters by treating them with a power machine, a little atomiser, which I carry on my back. That's the last thing I did, between 5 and 7 o'clock, yesterday evening, just before the arrival of the first storm. Each day is full of surprises. I also did some pruning. This involves cutting back the branches which have grown in excess with a pair of shears. It's manual work which I carried out with two people to whom I had entrusted this work at the start of the day. A lot of work like this goes on right through the day.

Did that make a good day's work ?

Yes, a good day. It was also necessary to welcome customers in the meantime, do tastings, plus several phone calls and checking the faxes.

During the year, is there a period that is more stressful than the others?

Yes, there are even two periods which follow each other. It begins from the moment when you finish pruning and when the vine begins to grow. There is a lot of ploughing to carry out over relatively short periods, when climatic conditions allow for this, when the soil is sufficiently dried-out, not too humid.

There are possibly the first treatments if the beginning of spring is somewhat rainy. It's also the period of purely manual work on the vine. You remove the undesirable shoots, which is called *épamprage*. You do this when the vine has grown from fifteen to twenty centimetres. You must work

Interview

tuellement, les premiers traitements si le début de printemps est assez pluvieux.

C'est aussi l'époque de travaux purement manuels sur la vigne. On enlève les rameaux indésirables, ce qu'on appelle l'épamprage. On fait cela quand la vigne a poussé de quinze ou vingt centimètres. Il faut travailler rapidement parce qu' au-delà d'une certaine poussée de la vigne les rameaux sont durs à enlever. Il y a de nouveaux labours. Tout cela se succède et dépend des conditions climatiques.

A peu près au moment de la fleur, ont lieu les premiers relevages, relevages sur fil et un peu plus tard les relevages traditionnels du Beaujolais ; les rameaux sont attachés avec un lien en osier. C'est une période qui est très tendue parce qu'il y a beaucoup de choses à gérer à la fois, à la vigne et à la cave avec les premières mises en bouteille et les expéditions.

Le peu d'accalmie que l'on puisse trouver c'est quand le raisin commence à mûrir, fin juillet, début août environ jusqu'à la deuxième quinzaine d'août. A cette période, le gros des travaux est terminé, il reste seulement quelques cisaillages et éventuellement des traitements de bouillie bordelaise, du sulfate de cuivre, pour protéger la vigne des dernières pluies. Mais la vigne est moins sensible quand le raisin commence à mûrir.

Les quinze derniers jours d'août, on prend un petit peu de temps pour soi et on commence à penser aux vendanges. Généralement, elles commencent première quinzaine de septembre. C'est une nouvelle période très dure et très intense qui dure un mois.

Est-ce difficile de déterminer le bon moment pour commencer les vendanges ?

Oui, mais on a quand même quelques points de repère très fiables. L'un d'eux, assez fiable, est de compter 100 jours à partir du début de la floraison pour obtenir la date de la maturité. Un autre repère, plus fiable celui-là, est le début la maturité, ce que l'on appelle la véraison.

Quand les premiers grains commencent à se colorer, on compte 45 à 50 jours. C'est beaucoup plus précis et à 2 ou 3 jours près cela correspond à la maturité pleine du raisin. On peut donc prévenir quinze jours à trois semaines à l'avance la troupe des vendangeurs.

Enfin, des contrôles de maturité permettent d'affiner et suivre l'évolution réelle de la maturité. Cela reste un moment difficile parce qu'on se dit qu'on aurait pu commencer plus tôt ou plus tard.
C'est le métier qui veut ça.

A propos de métier, être vigneron, est-ce pour vous plus qu'un métier ?

Oui, peut-être oui. Il y a un côté artistique, je pense. C'est plus qu'un métier où tout est calculé. Le côté intuitif fait que l'on arrive à personnaliser son travail, personnaliser ses vins. Le côté artistique est très présent pendant les périodes où l'on travaille beaucoup avec l'intuition.

Pensez-vous que le côté artistique s'exprime davantage dans la culture de la vigne, dans la vinification, ou dans les assemblages ?

Je pense que c'est un tout. Il faut savoir sentir les périodes où la vigne est peut-être un peu moins à l'aise,

Interview

quickly because when the vine has grown beyond that, the branches are harder to remove. There are other tasks. All this follows on and depends on climatic conditions.

Around the time of flowering, the first tyings take place, wire tyings, then a little later the traditional Beaujolais tyings where the branches are attached with a straw thong. It's a very tense period because there are a lot of things to organise at the same time, both in the vineyard and in the cellar with the first bottlings and deliveries.

The not very slack period that one you may find is when the grape is beginning to ripen, around the end of July, beginning of August, up until the first fortnight in August. At this period, the major work has ended, with only a few prunings left and possibly treatments with the Bordeaux mixture, of copper sulphate, to protect the vine from the previous rains. But the vine is less sensitive when the grape begins to ripen.

During the last fifteen days of August, I take a little time off for myself and I begin to think about the harvest. In general, this begins in the first fortnight of September. It's yet another tough and intense period which lasts one month.

Is it difficult to determine the right moment to begin harvesting?

Yes, but nevertheless you have several reliable reference points. One of these, reliable enough, is to count 100 days from the start of flowering to obtain the date for maturity. Another marker, more reliable than that, is the start of maturity, which is known as the *véraison*. When the first grapes begin to take on colour, you can count 45 to 50 days. This is far more accurate and, give or take 2 to 3 days, it corresponds to full maturity. In this way, you can forewarn the band of harvesters a fortnight to three weeks in advance. Finally, maturity controls enable further refining and follow a day-to-day evolution towards maturity. It is still a difficult time because you can always say you should have been able to begin sooner or later. That's part of your job.

Concerning the job, is being a wine grower for you more than just a job?

Yes, perhaps yes. There's the artistic side, I think. It's more than just a job where everything is calculated. The intuitive side causes you to personalise your work, personalise your wines. The artistic side is very present during those periods when you are working a lot through intuition.

Do you think that the artistic side comes out particularly in growing, in vinification, or in assemblage?

I think it's overall. You need to have a feel for the periods when the vine is perhaps ill at ease, know how to wait a little longer before pruning, know how to await the right moment for different jobs.

Choosing the moment is important. During the harvest, it's to pick this parcel before the other one.

Experience suggests a harvesting plan, but we can overturn this because some parcels are more susceptible to rot, for example. These are the aspects which contribute to the originality of a millésime. Each *millésime* is

Interview

savoir attendre un peu plus tard pour cisailler, savoir attendre le bon moment pour les différents travaux. Le choix du moment est important. Pendant les vendanges, c'est ramasser cette parcelle avant l'autre. L'expérience donne un schéma de récolte, mais nous pouvons le bouleverser parce que des parcelles sont plus sensibles à la pourriture, par exemple.

Ce sont ces aspects-là qui participent à l'originalité d'un millésime. Chaque millésime est une découverte. Il faut que le terroir s'exprime de la meilleure façon possible. Je suis toujours à la recherche de techniques de vinification les plus adaptées à mes différents terroirs. Je fais des essais chaque année et je me fais une idée du résultat par la dégustation. J'affine chaque année. Je me remets en cause aussi.

Tout cela fait qu'on arrive à personnaliser des vins et que le schéma de vinification et le style de vinification peuvent changer. Ce sont des petites touches qui font qu'on arrive à personnaliser le vin, même si c'est avant tout le terroir, sa minéralité, qui marquent le vin.

Chaque année c'est une grande histoire qui recommence : le travail de la vigne, les vendanges, les vinifications. Avez-vous des sentiments pour le vin que vous réalisez?

Oui, bien sûr.. Chaque millésime est différent. C'est très compliqué. Il y a des millésimes où l'on est satisfait de bout en bout, que l'on porte au fond de soi, dans son cœur, qu'on estime. D'autres millésimes apportent moins de satisfaction. Dans ces cas-là, on pense déjà au suivant pour oublier quelques mésaventures.

Pensez-vous qu'il y a une continuité entre vous, le vin et le client ?

Je pense qu'à partir du moment où une personne fait l'acquisition volontaire d'une bouteille, chez un caviste ou après sélection chez un vigneron, je pense qu'il y a une histoire derrière cette bouteille. Et je pense que la continuité se fait à travers l'histoire qui est véhiculée soit par le caviste, qui est à mon avis un des derniers intermédiaires entre la propriété et le client ou l'amateur de vins, soit par le vigneron.

Une bouteille en rayon, dans certains réseaux de distribution, est coupée de cette histoire. Je crois que le vin peut être davantage apprécié quand le client peut raconter à ces amis l'histoire de cette bouteille.

L'histoire ou ce qu'il a pu voir et apprendre en allant chez le vigneron : les vignes, la cave, le vigneron lui-même, sa discussion, des anecdotes qui enrichissent la dégustation du vin. A mon avis, c'est ce lien qui se poursuit jusque sur table. Il n'y a pas une rupture entre une bouteille qui est vendue ici et l'endroit où elle va être bue. Cette bouteille vit encore.

Le vin est symbole de convivialité depuis la nuit des temps. Comment ressentez-vous la convivialité du vin dans le monde d'aujourd'hui ?

Je dirais que deux choses se dessinent. Il faut savoir décrire la convivialité. Est-ce que c'est vulgairement "boire un bon canon", entre copains, pour le simple fait de boire du vin, parfois plus qu'il n'en faut ?

Je ne suis pas certain que ce soit là l'avenir du vin. A mon avis l'avenir du vin, c'est la convivialité qui s'exprime par le fait de pouvoir discuter autour

Interview

a discovery. The *terroir* must express itself in the best way possible. I am always on the lookout for vinification techniques more suitable to my differing *terroirs*. I carry out trials each year and I give myself an idea of the result through tasting.

I refine each year. I also question myself. All this means that you arrive at personalising wines and that both vinification schema and style can change. These are the little touches which lead to your personalising the wine, even if, above all, it's the *terroir*, its minerality which mark it out.

Each year, the big story begins all over again : working the wine, harvesting, vinification. Do you have any feelings for the wine you are making?

Yes, of course… Each *millésime* is different. It's very complicated. There are *millésimes* where you are satisfied from start to finish, that you carry close to your heart, and which you respect. Other *millésimes* bring less satisfaction. In those cases, you are already thinking about the next one and so you forget certain misfortunes.

Do you think that there is a continuity between you, the wine and the client?

From the moment that somebody willingly acquires a bottle, at a wine retailer's or after selecting from a wine grower, I think that there is a story behind that bottle.

And I think that the continuity takes place via the story as told either by the wine retailer who is in my opinion one of the ultimate intermediaries between the property and the customers or the wine lover, or by the wine grower. A bottle on the supermarket rack, in some distribution networks, is deprived of this story. I believe that wine can be especially appreciated when the customer can tell his friends about the story behind this bottle.

The history of what he has been able to see and learn when visiting the wine grower: the vines, the cellar, the wine grower himself, his discussion, the anecdotes which enrich the tasting of the wine. In my opinion, it's the link which continues right down to meal. There is no break between a bottle which is sold here and the place where it will be drunk. This bottle is still alive.

Wine has been a symbol of conviviality since the dawn of time. What do you feel about the friendliness of wine in today's world?

I would say two things to define this. One must know how to define friendliness. Is it what is commonly known having a drink with mates, simply to drink wine, sometimes more than necessary?

I am not sure that the future of wine lies in this direction. In my opinion, the future of wine is in the friendliness which is expressed by the ability to discuss the wine, to create feelings, an exchange through tasting, through description. It's also about having tastes which linger in the mouth, feelings and a matching between the wine and the dish.

This conviviality certainly has a great future than the other one and is more interesting. I think that there is much subtlety to be felt with wine and in the pleasure of living, very simply. Wines which have a personality,

WITH THE WINEGROWER

Interview

du vin, de créer des sensations, un échange par la dégustation, par la description. C'est également avoir des saveurs qui restent en bouche, des sensations et l'accord entre le vin et le mets. Cette convivialité a certainement plus d'avenir que l'autre et elle est plus intéressante.

Je pense qu'il y a beaucoup de subtilité à ressentir dans le vin, du plaisir de vivre, tout simplement. Les vins qui ont une personnalité, qui expriment un terroir, qui ont beaucoup de saveurs, des saveurs qui marquent et que l'on va pouvoir mémoriser, auront une place avec cette convivialité.

Dans votre famille, on est vigneron depuis plusieurs générations, existe-t-il une mémoire du vin?

Oui, on construit son avenir avec les images que l'on a accumulé depuis sa plus tendre enfance. Sans cesse, je me dis, tiens, face à cette situation, qu'est-ce qu'aurait fait mon grand-père ou mon arrière-grand-père ? Tels que j'ai pu les connaître je me dis qu'ils auraient fait ça ou ils auraient pensé comme-ci ou comme-ça. Chaque geste est guidé par la mémoire.

Avez-vous goûté les vins de votre grand-père et de votre arrière grand-père ?

Oui, je les connais. Ce n'est plus le même style de vins que je peux faire actuellement avec mon père, ou que je ferai plus tard, car nous sommes guidés par un savoir issu de la science. Beaucoup de ces connaissances n'étaient pas en la possession des vignerons d'autrefois qui travaillaient beaucoup par l'instinct. Ce n'est pas moins bien, l'intuition a même certainement été oubliée. Mais par contre, il y avait quand même des vins qui étaient loupés par un manque de connaissances et aussi un manque de technologie.

Quels sont les différents moments où vous dégustez votre vin ?

Je le goûte assez régulièrement. Une fois par semaine et parfois plus dans les périodes où l'élevage est plus difficile. Le vin a des phases où il va s'exprimer pleinement et d'autres où il va être un peu plus en retrait. Dans ces dernières périodes, quand il se ferme, certaines cuvées mériteraient peut-être un soutirage, une aération ou au contraire d'être laissées sur leur lie.

A d'autres périodes, nous faisons des dégustations à l'aveugle sur chaque cuvée ou chaque foudre. J'organise deux fois dans l'année, début janvier et après Pâques, une dégustation entre professionnels : restaurateur, caviste, vigneron, courtier ou amateur très éclairé. Nous sommes une petite dizaine. Pâques est souvent un moment de passage. Les vins ont trouvé une certaine stabilité. Ce moment est très intéressant, on peut juger des vins assez sérieusement et proposer lors de cette dégustation différents assemblages.

Après dégustation à l'aveugle, les assemblages sont ensuite classés de façon objective, séparemment des cuvées. Nous observons ce qui ressort bien et ce qui ressort moins bien sur l'ensemble.

Ces dégustations donnent une tendance. Ensuite, je déguste à nouveau seul, pour affiner et savoir si je mets 20 pour cent en plus de cette cuvée avec telle autre. C'est un travail assez pointilleux. Certaines années on a du

Interview

which express a *terroir*, which have many tastes, tastes which mark them out and which one can memorise, are going to have a place with this conviviality.

With wine growing in your family for several generations, is there a wine memory?

Yes, you build your future with the images which you have accumulated since your earliest childhood. I never stop asking myself, look, faced with this situation, what would my grandfather or my great-grandfather had done? As much as I was able to know them, I can tell myself that they would have done this or they would have thought like that or like that. Each action is guided by memory.

Have you tasted the wines of your grandfather and of your great-grandfather?

Yes, I know them. Its no longer the same style of wine that I can make at present with father, or that I will make later, because we are guided by a science-based knowledge. Much of this know-how was not available in bygone times to wine growers, who worked a lot by instinct.

It is not any better, and much intuition has certainly been forgotten. But on the other hand, there were nevertheless wines which were bungled by a lack of knowledge and also a lack of technology.

What are the different times when you taste your wine?

I taste it quite regularly. Once a week and sometimes more during the period when maturing is harder. Wine has phases where it gives full expression and others when it will withdraw a little. In these latter periods, when it closes, certain cuvées perhaps merit racking, aeration or on the other hand being left in their lee.

At other times, we carry out blind tastings with each *cuvée* or each cask. Twice a year, at the beginning of January and after Easter, I organise a tasting among professionals: restaurant owner, wine retailer, wine grower, broker, or experienced enthusiast.

There are about a ten of us. Easter is often a transitional moment. The wines have obtained a certain stability.

This moment is very interesting, one can judge the wines seriously during this tasting and suggest different assemblages or blendings. After blind tasting, the assemblages are next classed in an objective fashion, separating the *cuvées*.

We observe what emerges well and what is emerging less well from the whole. These tastings set a trend. After this, I taste on my own again, to refine and to know whether I put 20 per cent more from this cuvée with that other one. It's a fussy enough task.

Some years it is difficult to gauge the potential of each cuvée and you must wait a long time before arriving at an idea. Other years, it's very easy.

Don't you find it a pity when someone to whom you have sold your wine, leaves without your being able to tell them about its history?

Oh yes. That can even be very frustrating, but in general, that person who comes here goes way with quite a few impressions and quite a few stories.

Interview

mal à cerner le potentiel de chaque cuvée et il faut attendre longtemps avant d'arriver à se faire une idée. D'autres années, c'est très facile.

Trouvez-vous dommage qu'une personne, à qui vous auriez vendu votre vin, reparte sans que ayiez pu lui délivrer son histoire ?

Ah, oui. Cela peut même être très frustrant, mais de manière générale, la personne qui vient, repart avec pas mal d'impressions et pas mal d'histoires.

Aimez-vous emmener les visiteurs dans les vignes ?

Oui, je le fais de plus en plus. Je pense que c'est une partie qui est souvent occultée surtout pour les professionnels. On parle du vin, de la vinification, de l'élevage, mais la plus grande partie de la réussite du vin se passe à la vigne.

Hier, j'ai reçu des acheteurs japonais, ils avaient une demi-heure devant eux, et je leur ai dit : "On va sortir de la cave, on va s'aérer, on va aller voir ce qui se passe dehors".

Il faut parler de choses différentes, toucher la terre, ce qui donne un ressenti du vin.

Marie-Paule Brousseloux : si j'étais viticultrice, j'aurais du mal à laisser partir mon vin avec quelqu'un qui ne le prend pas pour ce qu'il est véritablement.

On arrive quand même à choisir sa clientèle. "Choisir", est un bien grand mot, mais on fait des choix de commercialisation.

Grâce à ces choix, je pense que la clientèle finale est la même que celle qui vient à la propriété. Ce qu'elle vient chercher à la propriété, elle saura le trouver auprès de ces cavistes qui travaillent avec professionalisme et passion.

En travaillant avec ce genre de professionnels, on ne laisse pas vraiment partir des bouteilles simplement pour laisser partir du vin.

Faîtes-vous le plus beau métier du monde ?

Des gens nous disent encore "vous faites le plus beau métier du monde" et, en fin de compte, les moments deviennent de plus en plus rares où l'on peut se dire qu'effectivement on fait un beau métier. Je crois que la grande satisfaction est d'avoir une certaine liberté, la plus belle liberté, celle de choisir ce que l'on veut faire.

Mais beaucoup de petites choses de la vie moderne entravent cette liberté. On perd une énergie folle à justifier en permanence chaque acte alors que l'intuition n'a pas besoin de justification. Cette énergie que l'on laisse se perdre dans la nature n'est pas à mon avis la meilleure des choses.

C'est un métier que l'on va payer physiquement, mais pas de la même manière que nos prédécesseurs, mon arrière-grand-père, mon grand-père ou mon père. On aura toujours mal au dos, c'est sûr, mais il y aura une fatigue morale qui sera de plus en plus présente.

Ce n'est pas un phénomène propre à la viticulture, mais je pense que cela coupe les moyens des métiers où l'on travaille avec son cœur, avec son énergie et tout ce que l'on peut mettre en avant. Je pense que cela va précipiter beaucoup de petits vignerons qui travaillent avec grand mérite et qui sont capables de faire de très

Interview

Do you like taking visitors into the vineyards?

Yes, I do this more and more. I think that this is an aspect which is often obscured, especially for professionals. You talk about wine, about vinification, about maturing, but the biggest part in the success of a wine takes place in the vineyard.

Yesterday I was visited by some Japanese buyers. They had half-an-hour to spare, so I told them "We're going to leave the cellar, we're going to take the air, we're going to see what happens outside." You must talk of different things, touch the earth, and this gives an insight into the wine.

Marie-Paule Brousseloux : if I was a wine grower, I would find it difficult to let someone go away with my wine who did not take it for what it really is.

All the same you do arrive at choosing the clientele. "Choose" is a big word, but one you make commercial choices. Thanks to these choices, I think that the ultimate clientele is the same as those who visit the property.

What they would come looking for at the property, they would also know how to find at the wine retailer who works with a professionalism and enthusiasm. In working with this professional approach, you really do not let the wine bottles go off simply to get rid of the wine.

Are you doing the finest job in the world?

People still tell us "You are doing the finest job in the world" and, in the end, such moments are becoming rarer and rarer when you can really tell yourself that you are carrying on a fine job. I believe that the greatest satisfaction is in having a certain freedom, the finest freedom, that of choosing what you want to do. But many little things in modern life hinder this freedom. One expends a mad energy continually justifying each act though intuition has no need for justification.

This energy that one loses in nature is not in my opinion the best of things. It's a job for which we are going to pay physically, but not the same way as our predecessors, my great-grandfather, my grandfather and my father. We will always have a pain in the back, that's for sure, but there will be a mental fatigue which will be more and more present.

This is not a phenomenon particular to wine growing, but I think that it cuts at the means of the jobs where one is working from the heart, with your energy and with everything that you can put to the front. I think that this is going to put pressure on many small wine growers who work with great merit and are capable of making really great wines.

The wine growers who have been pushed into working in this direction or that. You must also be able to satisfy the customer in the smallest time available. More and more professionals tells us "Can you prepare me 300 bottles. I'll come and collect them tomorrow afternoon." The demands of the clientele are weighing more and more heavily. Customers are not satisfied unless they have received their bottles inside 48 hours.

Have we lost our sense of time?

Yes, yes completely. Time is no longer governed by the rhythm of life, of

Interview

grands vins. Des vignerons que l'on aura incités à travailler dans telle et telle direction.

Il faut aussi pouvoir satisfaire le client dans un minimum de temps. De plus en plus de professionnels nous disent : "Pouvez-vous me préparer 300 bouteilles ? Je passe les prendre demain après-midi". L'exigence de la clientèle pèse de plus en plus. Des clients ne sont pas satisfaits d'avoir reçu leurs bouteilles dans les 48 heures !

Nous avons perdu la valeur du temps ?

Oh, oui, complètement. Le temps n'est plus dicté par le rythme de la vie, de la nature, des animaux. C'est très compliqué de répondre à une demande de la clientèle presque instantanée. On change les techniques de fabrication pour répondre à une demande de plus en plus pressante.

Marie-Paule Brousseloux : Avant le vin n'était pas mis en bouteille comme cela, à la demande du client, on respectait son évolution, on ne le précipitait pas, c'était lui qui dictait la mise en bouteille.

Pour répondre à cette demande, nous sommes obligés de nous structurer au niveau commercial pour développer et renouveler la clientèle. Avec d'autres amis, nous avons mis en place un groupement de vignerons qui s'appelle *Escapade en Beaujolais*.

Au-delà de cette structure, nous avons un échange d'expérience. Par exemple, pour répondre à la demande de plus en plus pressante de la clientèle, certains d'entre nous ont fait une mise en bouteille précoce de petits lots de 3000 bouteilles au mois de décembre ou au mois de janvier. Je suis content de voir qu'ils s'aperçoivent que finalement ce sont des vins qui évoluent très mal. Ils ne leur ont pas donné suffisamment de temps. Par le biais de ces échanges dans notre petit groupe, certains se sont aperçus, en dégustant à nouveaux ces vins, qu'ils évoluaient très défavorablement.

Il faut donner du temps au vin, le respecter. Le fait de se rencontrer régulièrement, d'échanger dans un domaine très large, beaucoup plus large que le domaine du vin, nous permet aussi de prendre conscience de certaines choses. Nous sommes dans une société où l'on peut communiquer de plus en plus facilement, c'est vrai, mais nous sommes dans une société qui est de plus en plus individualiste.

Si on ne va pas au-delà de sa propre petite organisation, de son réseau familial ou amical, si on ne rencontre pas physiquement d'autres personnes pour discuter de vive voix, je pense qu'on est perdu. Si on est coupé de l'évolution de la société, on se renforce dans des idées qui ne sont pas forcément les bonnes. Il faut régulièrement retrouver des repères de la même façon qu'un animal, par exemple un loup ou un renard, a besoin d'établir ses frontières.

Pensez-vous que le vin doît s'adapter aux goûts du consommateur, par exemple en utilisant des copeaux de bois ou des arômes ?

Notre rôle de viticulteur est de donner envie de goûter des vins, de donner des sensations, d'éduquer et d'apprendre à déceler le vin qui a une personnalité, qui a des choses à dire, à exprimer, qui a des saveurs. Notre rôle n'est pas de proposer des vins monotypés comme on en voit se développer.

Interview

nature, of the animals. It's very complicated to respond almost instantly to the demands of the clientele. We are changing manufacturing techniques to respond to an increasingly pressing demand.

Marie-Paule Brousseloux: before the wine was being bottled like that, to the customer's demand, one respected a steady evolution, one was not hurrying, it was you who dictated the bottling.

To respond to this demand, we have been obliged to structure ourselves on a commercial level to develop and renew the clientele. With other friends, we have set up a group of wine growers called *Escapade en Beaujolais*. Across that structure, we have an exchange of experience. For example, to respond to the ever-increasing demands of the clientele, some of us went into early bottling in small lots of 3,000 bottles, during the month of December or the month of January.

Through these exchanges in our little group, some have noticed, in tasting these wines again, that they evolve very unfavourably. You must give wine the time, and respect it. The fact of meeting up regularly, and of exchanges in a field far wider than the field of wine, is also enabling us to become aware of certain things.

We are in a society where one can communicate more and more easily, it's true, but we are in a society which is more and more individualistic. If you do not go beyond your own little organisation, your own network of family and friends, if you do not physically meet up with people to have real discussions, then I think you are lost. If you are cut off from the development of society, you can get bogged down with ideas which are not necessarily good ones. You must regularly rediscover references in the same way as an animal, a wolf or a fox for example, needs to stake out its territory.

Do you think that wine must be adapted to consumer tastes, for example, in using wood shavings or chemical aromas?

Our role as wine grower is to make people want to taste wines, to create sensations, to educate and to teach how to detect a wine which has a personality, which has things to say, to express, which has tastes. Our role is not to propose stereotype wines as one you see being developed.

Such decisions do not frighten me. From the moment one standardises, where you add something to a living product, you are denaturalising it. It loses its authenticity, and will express something else. These tastes are so stereotyped that they are going to create a need to discover more savoury things, which express a complexity which those wines into which one may have put aromas or shavings, simply do not have.

The person who is maturing his wines in new barrel, in barrels from two previous wines, or from three, and who really has the know-how, will have introduced his wine to a support of subtlety, a support of aromas and not of chemical aromas.

This is not the same thing as putting in oak shavings where you will communicate oak tannins, a taste of vanilla, and that's it. The difference is there.

Interview

Ces décisions-là ne me font pas peur. A partir du moment où l'on standardise, où l'on rajoute quelque chose à un produit vivant, on le dénature. Il perd son authenticité, il va exprimer autre chose. Ces goûts sont tellement monotypés qu'ils vont créer un besoin de découvrir des choses plus savoureuses, qui expriment une complexité que n'auront pas ces vins dans lesquels on aura mis des arômes ou des copeaux.

La personne qui élève ses vins dans des fûts neufs, des fûts de deux vins, des fûts de trois vins qui sait vraiment bien faire, aura apporté au vin un support de subtilité, un support d'arômes et non pas des arômes. Ce n'est pas la même chose d'apporter des copeaux de chêne où l'on va transmettre des tanins de chêne, un goût vanillé, point final. La différence est là.

Certaines personnes ne croient pas que le vin puisse porter le goût du terroir ?

Un vin qui a été travaillé en respectant son origine, son authenticité, exprime des arômes et des saveurs qu'il n'exprimerait pas autrement. Sur des terroirs très définis de différents secteurs du Beaujolais, nous avons des résultats qui peuvent être très opposés, avec un seul cépage. C'est la meilleure des expériences que l'on puisse faire passer.

Le client doit faire son éducation, nous pouvons lui donner quelques bases, mais c'est lui qui doit avoir l'esprit curieux et rechercher des vins.

Quant il aura eu l'opportunité de goûter d'autres vins, par exemple grâce à un caviste qui aura su lui proposer un vin différent, peut être basculera-t-il dans un monde un peu plus convivial, un peu plus attractif, et plus complexe donc plus intéressant.

Eric Janin
Paul Janin & Fils
"La Chanillière"
71570 Romanèche-Thorins
Tél.: 00 33 3 85 35 52 80
Fax : 00 33 3 85 35 21 77

Marie-Paule Brousseloux
Contact Export en Beaujolais
Email : mpbx@wanadoo.fr
Phone/Fax : 00 33 474 041 630
Mobile : 00 33 614 088 222

Interview

Certain people do not believe that wine can carry the taste of the terroir?

A wine which has been worked at while respecting its origins, its authenticity, expresses its aromas and its tastes which it would not otherwise express. On some very defined *terroirs* of different sectors in the Beaujolais, we have had results which can be very opposed, from one single grape variety. This is the best evidence that I can give you.

The customer must carry out his own education, we can give him certain tips, but it's he who must have the curious mind and search into the wines.

When he will have had the opportunity of tasting other wines, for example, thanks to a wine retailer who may have known how to offer him a different wine, perhaps he will swing towards a world which is a little more friendly, a little more interactive, and more complex hence more interesting.

Eric Janin
Paul Janin & Fils
"La Chanillière"
71570 Romanèche-Thorins
Tél.: 00 33 3 85 35 52 80
Fax : 00 33 3 85 35 21 77

Marie-Paule Brousseloux
Export Contact in Beaujolais
Email : mpbx@wanadoo.fr
Phone/Fax : 00 33 474 041 630
Mobile : 00 33 614 088 222

Interview

Nicole MONCUIT

Nicole Moncuit vinifie depuis 1982 les Champagnes Pierre Moncuit, crées par son père.

Comment se passe une de vos journées, en ce moment, au mois de juillet ?

Le matin, à 8 heures, je reçois tout le personnel. Nous parlons de la journée. Les uns vont aller aux vignes parce qu'en ce moment nous sommes en pleine période de palissage. Il faut lever les brins sur des fils, cela protège des maladies et permet au tracteur de passer. Je vais faire un tour dans les vignes avec eux. Une autre partie du personnel va rester ici et s'occuper des expéditions. Les après-midi sont consacrés aux côtés administratifs. Recevoir les clients, c'est surtout le domaine de mon frère. Je me consacre plus particulièrement aux dégustations professionnelles.

Y a-t-il dans l'année des périodes qui sont plus tendues que d'autres ?

Au printemps, au moment de l'éclosion des bourgeons, il y a toujours des risques de gelées et des risques de maladies. Cette année, nous avons commencé les traitements plus tôt que d'habitude, dès la sortie de la première feuille. Ces traitements sont très salutaires pour la vigne.

La période de la fleur est aussi très importante, on a toujours peur que la température baisse, qu'il y ait des pluies. Dans ces cas là, la fleur risque de mal se passer et de se prolonger. On risque alors d'avoir la coulure ou alors ce qu'on appelle ici en Champagne le millerandage, c'est-à-dire sur une grappe des raisins normaux et des petits raisins.

La cueillette est aussi un grand moment d'excitation, c'est la fête pour nous et les employés parce que c'est l'apothéose de toute une année de travail. C'est aussi la fête parce qu'en Champagne les vendangeurs créent cette bonne humeur.

Y a-t-il une certaine tension au moment de déterminer la date des vendanges ?

Oui, c'est pour moi une période très stressante parce que j'ai toujours tendance à vendanger à bonne maturité, mais il y a le risque des pluies, le risque de la pourriture. C'est vrai que c'est un moment délicat. J'essaye de maintenir le côté vendanges tardives. Cela peut m'obliger à ramasser assez vite, sur une courte période, mais je préfère vraiment attendre une bonne maturité. En général, je ne commence jamais avant l'ouverture.

Le travail que vous faites est-il pour vous plus qu'un métier ?

C'est une passion. On porte cela en soi et le vin c'est un peu son bébé. C'est un travail où tous les jours sont

Interview

Nicole MONCUIT

Since 1982, Nicole Moncuit has been making the Pierre Moncuit Champagnes, created by her father.

We are in July, so how do you organise your day?

In the morning, at eight, I meet with the entire workforce. We talk about the day ahead. Some will go to work in the vines because this is the period for tying. That involves lifting the canes up onto the wires, so protecting them from diseases and clearing the way for the tractor. I go round the vines with them. Another section of the staff stays here to take care of the consignments. Afternoons are taken up with administrative tasks.
Receiving customers is above all my brother's role. I involve myself with professional tastings.

During the year are there some times which are more tense than others?

Yes, in spring, when the buds appear. There is always the risk of frost and diseases. This year, we started the treatments earlier than usual, from the appearance of the first leaf. Such treatments are very healthy for the vine.

The flowering period is also very important: we are always afraid of the temperature falling and of it raining. In such situations, flowering may be delayed. The flower may suffer abortion or what we in Champagne call *"millerandage"*: or in other words, both normally sized and smaller berries on the same cluster. Picking is also a moment of great excitement, it's a celebration for us and for our employees because it's the apotheosis of an entire year's work. And in Champagne it's the harvesters who create this festive atmosphere.

Isn't there a tense period when you must work out the date for wine harvesting?

Yes, this is a very stressful period for me because I always tend to harvest at full maturity, but with the risk of rain or of rot. It's true that this is a tricky time. I try to keep to a belated harvest. That may demand my picking somewhat quickly, over a short period, but I really prefer waiting for a good maturity. In general, I never begin before the opening.

Is the work you do merely a job?

It's a passion. One carries it inside, almost like a baby. It's a job where every day is different because the vine is a living thing. Its vegetation is moving.

And so is the wine. It has its periods of development, its periods of closing and this becomes fascinating to follow.

Interview

très différents parce que la vigne est un être vivant. La végétation bouge. Le vin aussi bouge. Il a ses périodes d'épanouissement, ses périodes de fermeture et c'est passionnant à suivre.

On dit souvent que le vigneron est un artiste. Ressentez-vous ce côté artistique ?

C'est vrai qu'il y a une touche personnelle ou une touche "maison". Cette touche s'exprime au travers des buts que l'on se fixe.

Elle s'exprime dès la vendange, dès le pressurage et le débourbage et non pas seulement lors du travail du vin au cellier et dans les cuves.

La dégustation après la première fermentation est également un moment très important.

Vous produisez un vin qui a une image très marquée, on oublie presque que c'est du vin, non ?

Le Champagne est un peu méconnu, c'est vrai. Il est méconnu au sens des cépages. Je crois que le grand public ne fait aucune différence entre le Chardonnay, le Pinot, et le Meunier.

La force des grandes maisons est dans leur politique d'assemblage des trois cépages.

C'est ainsi qu'elles perpétuent la tradition. Au départ, le Champagne est un vin d'assemblage. Ici, j'en ai fait un mono cru et un mono année, mais le grand prestige c'est l'assemblage.

Le Champagne est-il un vin de terroir ?

Oui, pour moi, oui. Il y a une typicité du Chardonnay du Mesnil, ce côté minéral, pierre à feu, qui est vraiment présent.

Avez-vous beaucoup de sentiments pour les produits que vous réalisez ?

Oui, il y a des millésimes que j'aime particulièrement. Celui que j'ai vraiment préféré c'est le 1988. C'est vraiment un grand vin, d'une grande complexité, il donne à chaque gorgée un arôme différent. Je crois que c'est ma plus belle réussite.

Y a-t-il une continuité dans le style des vins que vous élaborez?

Oui, c'est papa qui m'a appris, qui m'a donné cet amour du vin. La façon de travailler qu'il m'a apprise se perpétue. Nous avons un caveau qui est pour la mémoire de papa dans lequel nous avons rassemblé des vins de 1928 à 1981 qu'il a élaborés.

On peut vraiment dire que le Champagne se conserve parce que en dégustant les années 59, on retrouve vraiment la fraîcheur du Chardonnay.

À quels différents moments de l'année dégustez-vous vos vins ?

Je déguste les vins clairs après la première fermentation, ensuite après la fermentation malolactique et la troisième fois au moment du tirage, c'est-à-dire au moment de la mise en bouteille. C'est à ce moment-là que je vais faire ma sélection brut sans année et millésime.

Les vins en bouteille, je les déguste entre 8 et 10 fois par année pour suivre leur évolution, les périodes où le vin s'épanouit et où le vin se ferme. En ce moment, je trouve que le vin recommence à se fermer. La période pendant laquelle le vin se ferme est assez longue parce qu'elle suit le cycle de la vigne. Nous arrivons à la période où les raisins ne grossis-

Interview

It is often said that the wine grower is an artist. Do you feel this artistic aspect?

It's true that there is a personal touch or a *Maison* touch. This touch comes out through the goals that one gives oneself. It is expressed through the harvest, through the pressing, and the settling of the must and not only during work in the winery and in the vats. The tasting following the first fermentation is an equally important moment.

You produce a wine with a very definite image, where one almost forgets that it's wine, wouldn't you say?

Champagne is a little neglected, that's true. It's neglected where the grape varieties are concerned. I believe that the general public makes no difference between Chardonnay, Pinot and Meunier.

The strength of the big houses is their policy of assembling the three varieties. This is how they continue the tradition. From the outset, Champagne is an assembly wine. Here I have made it a single cru from a single year, but the big luxury's the *assemblage* process.

Is Champagne a *vin de terroir*?

Yes, for me, it is. There is a typicality about Chardonnay from Mesnil, its mineral aspect, flint, which is really present.

Do you feel a great deal for the products that you make?

Yes, there are *millésimes* that I particularly love. The one I really prefer is the 1988. It's a really fine wine, with a great complexity, each time you swallow, it yields a different aroma. I think it's my greatest success.

Is there a continuity of style in the wines that you are developing?

Yes, it's Dad who taught me, who gave me this love for wine. The way of working that he taught me has been carried on. We have a vault in Dad's memory in which we have brought together the wines he was developing from 1928 to 1981.
One can really say that the Champagne has kept because when tasting a 1959, you really rediscover the freshness of Chardonnay.

At what times of the year do you taste your wines?

I taste the *vins clairs* after the first fermentation, then after the malolactic fermentation and the third time during *tirage* or *bottling*. It's at that moment that I am going to make my *brut sans année* and *millésime* selections. As for the bottled wines, I taste them between 8 and 10 times per year to follow their development, the periods when the wine blooms and when the wine closes.

At present, I have found that the wine is beginning to close again. The period during which the wine is closing is rather long because it follows the vine cycle. We are at the period when the grapes are no longer growing, and are going to mature: the wine, during this time, is closed.

The particularity with Chardonnay is that it is slower in coming to maturity than other grape varieties. This is a pity for New Year celebrations, as the wine will not yet have succeeded in opening. It'll open in the spring. This year the wines will be closed earlier

Interview

sent plus, ils vont mûrir ; le vin, pendant ce temps là, est fermé. La particularité du Chardonnay est qu'il est plus lent à arriver à maturité que d'autres cépages. C'est dommage pour les fêtes de fin d'année, le vin n'aura pas encore réussi à s'ouvrir. Il va s'ouvrir au printemps.

Cette année, les vins se sont fermés plus tôt que d'habitude. Cela dépend des années et des millésimes. Il n'y a pas de généralités.

Y a-t-il une idée reçue sur le Champagne qui vous agace particulièrement ?

Oui, que le Champagne ne se boive plus en dessert. Je trouve cela dommage parce qu'il y a 35 ans le Champagne était méconnu en tant que vin d'apéritif, c'était un Champagne de dessert très mal servi.

Maintenant, je voudrais relancer le Champagne en vin de dessert en faisant une cuvée demi-sec à très fort dosage.
J'ai choisi pour cette cuvée le millésime 1992 parce qu'il a beaucoup de vivacité et de fraîcheur, un côté acidulé. Par contre, je ne ferai pas ce demi-sec avec le millésime 1995 parce qu'il est déjà tout en rondeur ; il a une grande puissance, une longue persistance en bouche et cela ne conviendrait pas. J'en ferai peut-être avec le millésime 96 qui est beaucoup plus vif...

Champagne Pierre Moncuit
Nicole et Yves Moncuit
11, rue Persault-Maheu
51190 Le Mesnil-sur-Oger
Tél.: 00 33 3 26 57 52 62
Fax : 00 33 3 26 57 97 89

Interview

than usual. This all depends on the years and the millésimes. One cannot generalise.

Is there an idée reçue about Champagne which particularly annoys you?

Yes, that Champagne is no longer drunk for dessert. That's a pity, in my opinion, because 35 years old, champagne had been neglected as an aperitif, it was a badly thought-of dessert Champagne.

Now, I would like to relaunch Champagne as a dessert wine by making a *demi-sec cuvée* with a very strong dosage. For this *cuvée* I have chosen the 1992 *millésime* because it has a lot of vivacity and freshness, an acidic aspect.

On the other hand, I will not make this demi-sec with the 1995 *millésime* because it already has a roundness; it has great power, a long aftertaste in the mouth and that's no good. I will perhaps be making it with the 96 *millésime* which is a more lively.

Yves MONCUIT

Yves Moncuit Sales Manager

Champagne Pierre Moncuit
Nicole et Yves Moncuit
11, rue Persault-Maheu
51190 Le Mesnil-sur-Oger
Tel.: 00 33 3 26 57 52 62
Fax : 00 33 3 26 57 97 89

Vins...

VIN NOUVEAU
Wine made from the last harvest with a short maceration focusing on fruit aromas. To drink within a year.

Vin issu des dernières vendanges, à macération courte, favorisant les arômes proches du fruit. A boire dans l'année.

VIN PRIMEUR
Nouveau wine allowed to be sold earlier than the official date for selling this kind of wine.

Vin nouveau autorisé à être commercialisé plus tôt que la date officielle de sortie de ces vins.

VIN DE GARDE
Lit. Wine to keep. Wine made with a structure (tannins, acidity, sweetness,...) to develop itself and to offer different nuances after a period of ageing.

Vin bâti par sa structure (tanins, acidité, moelleux...) pour évoluer et offrir différentes nuances, après une période de vieillissement.

VINS MOUSSEUX
Lit. wines with foam. Family of sparking wines of which *Champagne*, *Crémant* and *Blanquette* are part of. The carbon dioxide of the bubbles is produced by a second fermentation and pressure in the bottle is between 3-6 bars at 20°C.

Famille de vins effervescents dont font partie le Champagne, le Crémant, la Blanquette. Le gaz carbonique est issu d'une seconde fermentation et la pression en bouteille est de 3 à 6 bars à 20 °C.

VIN DE CEPAGE
Lit. wine made with one grape variety. Varietal wine.

Expression pour mentionner le fait qu'un vin a été élaboré à partir d'un seul cépage.

VIN DE TERROIR
Wine with the stamp of the terroir from which it comes.

Vin marqué par le terroir dont il est issu.

VIN DE SOIF
Fresh and fruity crisp wine, with low alcohol content.

Vin désaltérant, friant, fruité, faible en alcool.

VINS FORTIFIÉS
Family of wines whose alcohol content has been increased with wine alcohol or spirit, added either to the non-fermented must (***vins de liqueur***) or to the fermenting must (***vins doux naturels - vin muté***).

*Famille de vins enrichis en alcool, soit sur des moûts non fermentés (**vins de liqueur**), soit sur des moûts en fermentation par mutage (**vins doux naturels**).*

SELECTION DE GRAINS NOBLES
VENDANGES TARDIVES
Lit. selection of noble berries. Lit. late harvest. Marked on the label of specific wines made from chosen dried grapes or shriveled by the botrytis cinerea fungus (noble rot).

Mention réservée à certains vins issus de grains choisis de raisins passerillés ou atteints de la pourriture noble.

VIN JAUNE
Lit. yellow wine. White wine from the Jura region with a particular taste (the taste of *jaune*) caused by the action of yeasts during a long oxydative maturing process

Vin blanc produit dans le Jura qui a un goût particulier (le goût de jaune) dû à l'action de levures au cours d'un très long élevage oxydatif en fût.

VIN DE PAILLE
Wine from the Jura region made from grapes dried on staw mats for several months.

Vin du Jura produit à partir de raisins séchés pendant plusieurs mois sur des lits de paille.

vin nouveau vin à boire jeune
vin primeur **vin de garde**

vin tranquille vin pétillant
vin mousseux

Appellation d'Origine Contrôlée
Vin de table Vin de Pays
Vin de Terroir
Vin de soif

vigneron cave coopérative
négociant
vin issu de raisins biologiques
vin de cépage
sélection de grains nobles
vin rouge
vin blanc vin rosé vin muté
vin gris vin fortifié
vin liquoreux vin de paille
vin jaune vin effervescent
Vin Doux Naturel

Millésime

aromatique léger *puissant*
tannique sec **brut** demi-sec
moelleux doux
liquoreux

Chez le caviste

UNE BELLE VITRINE	92
CHEZ LE CAVISTE	94
Explications	96
Bonjour !	97
Parler avec le caviste	98
Lexiques	101
INTERVIEWS	102
Jean-Luc Tucoulat	102
Pierre Boudry	108

Les caves du Roy

At the caviste's

A HANDSOME SHOP WINDOW	93
AT THE CAVISTE	**95**
Explanations	96
Bonjour !	97
Speaking with the caviste	98
Glossary	101
INTERVIEWS	**103**
Jean-Luc Tucoulat	103
Pierre Boudry	109

Les bouteilles
semblent vous parler
du vin qu'elles
habillent...

Une belle vitrine

Vous visitez la ville. Alors que vous flânez dans une rue, vous remarquez la belle vitrine d'un magasin de vin. Vous vous arrêtez pour la regarder d'un peu plus près.

Vous vous intéressez aux étiquettes des bouteilles, vous admirez leurs dessins et leurs couleurs, elles semblent vous parler du vin qu'elles habillent. Mais, vous ne vous souvenez plus très bien où se situe telle ou telle région, et vous ne savez plus si les millésimes étaient bons ou mauvais. Le double silence du verre de la bouteille et de la vitrine vous perd.

Vous ressentez à la fois de la curiosité et la frustation de ne pas "savoir". Votre regard glisse vers l'intérieur de la boutique, vous apercevez deux hommes. L'un derrière le comptoir vêtu d'un tablier, un doigt sur le menton, l'air concentré, écoute l'autre, certainement un client. Sans doute ce dernier explique-t-il ce qu'il recherche.

En parlant, il regarde les casiers de bouteilles autour de lui. Où peut se trouver la réponse? Après quelques instants, l'homme derrière le comptoir se dirige vers un casier. Il choisi une bouteille qu'il revient déposer délicatement sur le comptoir.

Le client souriant semble déjà goûter le vin à travers les paroles de l'homme en tablier. Son regard sincère et ses gestes expressifs vous plaisent. Le sourire vous gagne aussi. Vous pensez à l'invitation du lendemain chez vos amis, "*je pourrais apporter du vin...*" Vous passez le seuil de la boutique d'un caviste.

The bottles tell you something about the wines they adorn...

A Handsome Shop Window

You're out for a walk in town. As you stroll down a street, you notice a wine merchant's handsome store window, and stop to take a closer look.

The labels on the bottles interest you, and you admire their designs and colours. They tell you something about the wines they adorn, but you can't quite remember where such and such a region is, or whether the vintages were good or poor. You are walled off by the double silence of bottle and window glass. You feel curiosity, but also some annoyance at "not knowing."

Your gaze shifts to the shop's interior, where you see two men. One is behind the counter and wearing an apron. He has a finger to his chin, and is listening intently. The other man, almost certainly a customer, is probably explaining what he is looking for. As he speaks, he glances at the shelves of bottles around him. Where will he find the answer he seeks?

After a few moments, the man behind the counter heads for a shelf, chooses a bottle, and sets it gently down on the counter. As he talks, the smiling customer almost seems to be tasting the wine from the description by the man in the apron.

The latter's look of sincerity and expressive gestures appeal to you, and now you're smiling, too. You think of your friends' dinner invitation for tomorrow. "*I could bring some wine.*" You step across the threshold of a French wine merchant - a *caviste*.

L'accueil est chaleureux et le caviste est à l'écoute de ce qui vous ferait plaisir.

Chez le caviste

L'accueil est chaleureux et le caviste est à l'écoute de ce qui vous ferait plaisir. Vous lui parlez de cette invitation à dîner et il vous demande si vous savez ce que votre hôte a l'intention de vous préparer.

Vous ne savez pas. "Cela va être difficile, mais pourquoi n'apporteriez vous pas un vin pour l'apéritif ? C'est parfait pour réveiller les papilles." La suggestion vous plaît. Connaissez-vous les goûts de vos amis ? Oui, un peu, classiques, vous aimeriez bien leur faire découvrir quelque chose de différent, les étonner.

Il vous demande quel est votre budget avant de poser son doigt sur le menton comme vous l'avez vu faire avec le client précédent. Il se dirige vers un casier, prend une bouteille et se tourne vers vous. "C'est le vin d'un vigneron qui élabore de beaux produits. Ce vin a beaucoup de fraîcheur, une belle minéralité, des arômes vifs qui sont parfaits pour l'apéritif".

Les sens éveillés par la promesse d'un plaisir certain, vous posez un regard sur l'étiquette, une appellation dont vous n'avez jamais entendu parler. Pendant que le caviste prépare la bouteille qu'il vous a proposée, vous faites quelques pas dans le magasin, parcourant du regard les autres bouteilles.

L'endroit vous plaît, vous pensez déjà y revenir. Vous songez à ce vin que vous ramènerez chez vous, en souvenir de votre voyage, le vin d'un de ces vignerons dont le caviste vous aura parlé.

You are warmly welcomed, and the caviste is ready to hear you describe what will give you pleasure.

At the Caviste

You are warmly welcomed, and the *caviste* is ready to hear you describe what will give you pleasure. You tell him about the dinner invitation, and he asks if you know what your hosts are serving.

Alas, you don't. "That's a problem," he says. "But why not bring some wine as an aperitif? It's perfect for waking up the taste buds." It's a good suggestion. Do you know your friends' tastes? he asks. Yes, a little—they are somewhat conventional. You wouldn't mind exposing them to something different, surprising them.

He asks you how much you expect to spend. Then he leans on an elbow, a finger to his chin, the way you saw him do with his previous customer. Presently he walks over to a shelf, picks up a bottle, and turns to you. The wine is from a winemaker who makes very high quality products. It is very fresh, has impressive minerality and lively aromas, which are perfect for an aperitif.

Your senses quickened by the promise of pleasure, you look at the label and see an appellation you have never heard of. While the *caviste* wraps the bottle he has selected for you, you take a few steps through the store, looking at the other bottles.

The place is pleasant, and already you find yourself planning to return. And you are thinking of the wine you will bring home, a souvenir of your trip, the wine from one of those winegrowers the *caviste* has told you about.

Some simple explanations...

- **The profession of** *caviste*
    Lit. cellar person. The *caviste* is someone that has a passion for wine and that manages a wine shop in which he or she sells a selection which they have made themselves. He does not only sell wines but a whole range of drinks : from the mineral water to spirits, including cider, beer, and fruit juices.

- **The advices of the** *caviste*
    A *caviste* has made a professional tasting of all the wines he sells and may suggest food and wine combinations according to his experiences. He checks the development of the wines and can tell you if the wine is in a «blooming» period or if the wine is «closed». He can also give you some advice on how to serve the wine (serving temperature, aeration,...). He will also give you some advice on the wine needing rest after a trip and which corkscrew is the best according to him!

Quelques explications...

- **La profession de caviste**
    Le caviste est une personne passionnée par le vin qui tient une cave dans laquelle elle propose à la vente une sélection qu'elle a réalisée elle-même. Elle ne vend pas que du vin mais tout un éventail de boissons : de l'eau minérale aux alcools, en passant par le cidre, la bière, et les jus de fruits.

- **Les conseils du caviste**
    Un caviste a dégusté tous les vins qu'il présente et peut vous proposer des accords mets-vins en fonction de ses propres expériences. Il surveille également l'évolution des vins et saura vous indiquer si le vin est dans une période d'ouverture ou si le vin est fermé. Il pourra également vous conseiller sur le service du vin (température, aération,...). Il vous donnera aussi des conseils pour le repos du vin si celui-ci doit voyager et pourra vous donner son avis sur le meilleur type de tire-bouchon !

Bonjour!

■ *Le caviste - quel vin vous ferait plaisir ?*
The caviste - What kind of wine would please you ?

- We would like to buy a red (rosé, white) wine, please.
  Nous aimerions acheter un vin rouge (rosé, blanc), s'il vous plaît.

- I like more full-bodied (light) wines?
  J'apprécie davantage les vins charpentés (légers).

- I prefer sweet (dry) white wines.
  Je préfère les vins blancs sucrés (secs).

- We would like one to drink today
  Ce serait pour le boire dès aujourd'hui.

- We shall drink this wine in a few weeks.
  C'est un vin que nous boirons dans plusieurs semaines.

■ *Le caviste - Vous souhaitez un vin pour une occasion particulière ?*
The caviste - Would you like a wine for a special occasion ?

- I would like a wine to drink as an aperitif.
  Je souhaiterais un vin pour l'apéritif.

- I would like a wine to taste for pleasure.
  Je souhaiterais un vin à déguster pour le plaisir.

- We are invited for dinner to some friends's house.
  Nous sommes invités à dîner chez des amis.

- We are organising a picnic (a barbecue, a birthday party).
  Nous organisons un pique-nique (un barbecue, un anniversaire).

- It is a present.
  C'est pour offrir.

■ *Le caviste - Connaissez-vous les goûts de la personne ?*
The caviste - Do you know what the person likes?

- It is a present for a person that has a classical taste.
  C'est pour offrir à une personne qui a des goûts plutôt classiques.

- We would like to give something unusual.
  Nous voudrions offrir quelque chose de différent (original).

CHEZ LE CAVISTE

■ *Le caviste - Quel est votre budget ?*
The caviste - How much are you ready to spend ?

✓ We are ready to spend X Euros.
Notre budget est de X Euros.

✓ It is a little too expensive.
C'est un peu au dessus de notre budget.

■ *Le caviste - Avez-vous un endroit pour stocker le vin ?*
The caviste - Do you have a place to store wine ?

✓ We have a cellar in our building (house).
Nous avons une cave dans notre immeuble (maison).

✓ We have a wine fridge.
Nous avons une armoire à vin.

✓ What are the ideal conditions to keep wine?
Quelles sont les conditions de conservation du vin ?

Speaking with the caviste
Parler avec le caviste

ASKING MORE ABOUT THE WINE *EN SAVOIR PLUS SUR LE VIN*

✓ From which region is this wine?
C'est un vin de quelle région ?

✓ I don't know this appellation. Could you tell me more about it?
Je ne connais pas cette appellation.
Est-ce que vous pouvez m'en dire un peu plus ?

✓ I don't know this grape variety. What are its characteristics?
Je ne connais pas ce cépage. Quelles sont ses particularités ?

✓ What is the category of this wine?
C'est un vin de quelle catégorie ?

YOU HESITATE BETWEEN TWO WINES
VOUS HESITEZ ENTRE DEUX VINS

- I hesitate between these two wines.
  J'hésite entre ces deux vins.
- What are the differences between these two wines?
  Quelles sont les différences entre ces deux vins ?
- Which one is sweeter? drier? complex?
  Lequel est le plus sucré ? sec ? complexe ?

WHEN TO DRINK THE WINE *QUAND BOIRE LE VIN*

- Can we drink this wine now?
  Pouvons-nous boire ce vin dès à présent ?
- When do you think this wine will reach its peak?
  Dans combien de temps pensez-vous que ce vin sera à son apogée ?
- Should it be drunk before the end of the year?
  Est-ce qu'il vaut mieux le boire avant la fin de l'année ?
- We are going to drive a little. How long should the wine rest after the journey? In which position?
  Nous allons faire un peu de route. Combien de temps doit-on laisser le vin reposer ensuite ? Dans quelle position ?

SERVING WINE *LE SERVICE DU VIN*

- Should we pour the wine into a carafe?
  Est-ce que nous devons mettre le vin en carafe ?
- How long before serving should we open the bottle?
  Combien de temps à l'avance devons-nous ouvrir la bouteille ?
- What is the serving temperature?
  A quelle température devons-nous le servir ?
- How can I cool it?
  Comment est-ce que je peux faire pour le rafraîchir ?

MATCHING FOOD AND WINE ACCORD METS ET VINS

- Which wine could you suggest to go with a *blanquette de veau*?
  Quel vin pouvez-vous me conseiller pour accompagner une blanquette de veau ?

- Could this wine accompany a whole meal?
  Est-ce que nous pouvons boire ce vin tout au long du repas ?

- What sort of meal would go best with this wine?
  Quel style de plat s'accordera le mieux avec ce vin ?

BOTTLE BOUTEILLE

- Do you have a bottle that has been in the fridge?
  Est-ce que vous avez une bouteille fraîche ?

- Do you sell half bottles?
  Est-ce que vous avez des demi-bouteilles ?

- What is the price of this bottle, please?
  Quel est le prix de cette bouteille, s'il vous plaît ?

- I would like to buy two bottles, please.
  Je vais prendre 2 bouteilles s'il vous plaît.

PACKING EMBALLAGE

- Could you wrap it as a present, please?
  Pouvez-vous nous faire un paquet cadeau, s'il vous plaît ?

- Could you wrap it well, please?
  Pouvez-vous nous faire un emballage solide, s'il vous plaît ?

- Do you have a box? a wooden case?
  Auriez-vous un carton? une caisse en bois ?

PAYMENT LE RÈGLEMENT

- Do you accept credit cards? Which ones?
  Pouvons nous payer par carte de crédit ? Quelles cartes acceptez-vous ?

- Can we pay in cash?
  Pouvons-nous régler en espèces ?

- Could you give us a bill for customs please?
  Pourriez-vous nous établir une facture pour la douane, s'il vous plaît ?

GLOSSARY
AT THE CAVISTE SHOP

Drinks
vin : *wine*
eau-de-vie : *brandy*
liqueur : *liqueur*
apéritif : *aperitif*
bière : *beer*
cidre : *cider*
jus de fruit : *fruit juice*
limonade : *lemonade*
soda : *soda*
eau minéral : *mineral water*
eau de source : *spring water*
eau plate : *still water*
eau pétillante : *fizzy water*

Special occasions
cadeau : *present*
repas : *meal*
déjeuner : *lunch*
dîner : *diner*
apéritif : *aperitif (coktail)*
anniversaire : *birthday*
fête : *party*
mariage : *wedding*
pique-nique : *picnic*
barbecue : *barbecue*

Containers
bouteille : *bottle*
demi-bouteille : *half-bottle*
magnum : *magnum*
cubitainer : *bag-in-box*
carton de six (douze) bouteilles : *case of six (twelve bottles)*
cubitainer : *bag-in-box*

Implements
tire-bouchon : *corkscrew*
verre : *glass*
verre de dégustation : *tasting glass*
carafe : *carafe*
décanteur : *decanter*

Dishes
cuisine française : *French cuisine*
cuisine méditerranéenne : *Mediterranean cuisine*
cuisine italienne : *Italian cuisine*
cuisine asiatique : *Asian cuisine*
plat à base d'oeufs : *dish made with eggs*
plat épicé : *hot and spicy dish*
les entrées : *starters*
quiche : *flan*
salade : *dressed salad*
terrine : *pâté*
soupe : *soup*
huîtres : *oysters*
poisson : *fish*
coquillages : *shellfish*
crustacés : *crustaceans*
volailles : *poultry*
fruits de mer : *seafood*
viandes blanches : *white meat*
viandes en sauce : *meat cooked in sauce*
viandes rouges : *red meat*
grillades : *grilled meat*
viande de bœuf : *beef*
gibier : *game*
légumes : *vegetables*
pâtes : *pastas*
fromages : *cheese*
dessert : *dessert*
crêpes : *crepes (pancakes)*
gâteau : *cake*
fruits : *fruits*

Packaging
papier cadeau : *wrapping paper*
caisse en bois : *wooden crate*
sac en plastique : *plastic bag*
sac en papier : *paper bag*

Magasin
acheter : *to buy*
prix : *price*
boutique : *shop*
magasin : *shop*
vitrine : *shop window*
comptoir : *counter*
casiers à bouteilles : *bottle racks*
caisse en bois : *wood crate*
sac : *bag*

Payment
payer : *to pay*
carte de crédit : *credit card*
espèces : *cash*
facture : *invoice*

Interview

Jean-Luc TUCOULAT

Jean-Luc Tucoulat est caviste indépendant à Paris depuis 1986.

Quelle définition donnez-vous au métier de caviste ?

Le caviste est un passionné de vin qui est le lien entre le consommateur et le producteur. Il est là pour proposer un éventail de boissons (de boissons parce qu'il n'y a pas que le vin) susceptible de répondre au besoin du client, quelque soit son envie.

Quelle est la philosophie du métier de caviste ?

Il devrait en avoir une, surtout basée sur le respect du travail du vigneron.
Les notions de service et de conseil sont très importantes. Le consommateur n'a pas les éléments pour faire le meilleur choix, le caviste est là pour faire ce choix à sa place.

Ce n'est pas un métier possible sans passion ?

C'est possible, mais cela ne doit pas être très intéressant. Sans passion, il n'y a pas de clients passionnants, il n'y a pas de vignerons passionnants, il n'y a pas de vins passionnants.

C'est un métier qui s'exerce avec passion. Dans le cas contraire, c'est un commerce comme un autre.

Comment obtenez-vous la confiance de vos clients ?

C'est essentiellement un travail de bouche-à-oreille. C'est un travail qui se fait dans le temps, par relations, et qui est basé sur la satisfaction du client. Un client satisfait aura envie de revenir, de parler de vous et vous fera entièrement confiance.

Comment un caviste constitue-t-il sa cave ?

Un caviste passionné va choisir en premier des vins qui vont lui plaire, dont il pourra suggérer le plaisir à ses clients, et des vins qui vont trouver leur place dans la palette de goûts qu'il est susceptible d'apporter au client. Bien sûr, il faut qu'il ait une politique commerciale cohérente, une politique honnête du commerce. La qualité et le plaisir sont déterminants dans le choix d'un produit. C'est loin d'être un choix économique.

Votre cave vous ressemble donc ?

Oui, la cave doit être représentative de la personnalité du caviste.

Cherchez-vous à stimuler la curiosité de vos clients ?

Oui, tout à fait, je cherche à leur

Interview

Jean-Luc TUCOULAT

Jean-Luc Tucoulat, independant retailer since 1986, based in Paris.

How would you define the wine retailer's job?

The wine retailer is an enthusiast who is the link between the consumer and the producer. He is there to offer a whole range of drinks (of drinks because it's not only wine) likely to answer the client's every need.

What is the wine retailer's working philosophy?

He should have one which, above all is based on a respect for the work of the wine grower. Notions of service and of advice are very important. The consumer does not have the elements to make the best choice, so the wine retailer is there to choose for him.

Can this job be done dispassionately?

It is possible, but that won't be very interesting. Without passion, there are no enthusiastic customers, there are no committed wine growers, and there are no exciting wines. It's a job which is carried out with passion. Otherwise, it's a business like any other.

How do you win your customers' confidence?

It's basically by word of mouth. It's a job which takes time, through relationships, and which is based on customer satisfaction. A satisfied customer will want to come back, to talk about you and will place their entire trust in you.

How does a wine retailer build up his cellar?

A impassioned wine retailer is first going to chose wines which please him, whose pleasure he will be able to communicate to his customers, and wines which are going to take a place in the taste palette which he is likely to bring to the customer. Of course, he must have a coherent business policy, an honest commercial approach. Quality and pleasure are the determining factors in the choice of a produce. It's far from being an economical choice.

So your cellar resembles you?

Yes, the cellar must represent the personality of the wine retailer.

Do you try to stimulate the curiosity of your customers?

Yes, absolutely, I attempt to make them discover certain things and I try to make them lose their preconceived ideas. Unfortunately,

Interview

faire découvrir certaines choses et j'essaye de leur faire perdre leurs idées reçues. Malheureusement, ils en ont beaucoup.

C'est un travail de fond. Je cherche surtout à ce qu'ils me fassent confiance, c'est la base. Comment leur faire la meilleure prestation si je n'ai pas carte blanche, si je ne sens pas qu'ils ont confiance ?

Rendez-vous visite aux vignerons ?

Cela m'arrive oui, j'aimerais que cela m'arrive plus souvent mais ce n'est pas toujours possible. Je commence par goûter les vins. Si les vins m'intéressent, si le vigneron m'intéresse, j'ai plaisir à aller le voir, à aller voir ses vignes.

Ce sont des moments formidables. Il faut que le vigneron soit quelqu'un que je juge convenable et fréquentable, quelqu'un qui soit digne qu'on parle de lui à des gens qui ne le connaissent pas .

Le client ne connaît personne. Quand un échantillon m'intéresse en terme de qualité et en terme commercial, je le prends. Je l'achète sans me demander si cela intéressera des clients. Mes choix sont basés sur la passion, pas sur l'économique.

Quand un client achète un vin, aimez-vous lui raconter ce que vous avez appris sur ce vin ?

Le client est demandeur de ce genre de chose. C'est le type de relation que l'on a avec un caviste et que l'on n'a pas ailleurs. L'aventure est là parce que le vin n'est pas seulement un produit, mais une petite tranche de vie, quelque chose qui a été fait par un homme.

La connaissance de la gastronomie fait également partie de votre métier de caviste ?

Oui, cela fait partie des plaisirs de mon métier. Je ne peux pas conseiller quelqu'un sur un accord si je n'ai jamais goûté le plat dont il est question.

Vous allez faire des jaloux !

Comment déterminez-vous la garde d'un vin ?

L'association terroir-cépage donne au vin une structure tannique plus ou moins importante. Cette structure tannique est la charpente de sa vie. C'est elle qui va permettre au vin d'évoluer dans le temps et de se bonifier. Un professionnel saura, grâce aux données techniques de viticulture, de vinification et d'élevage, considérer la date d'apogée de ce vin. Elle sera ajustée à la dégustation grâce à l'expérience professionnelle.

La courbe de vieillissement du vin n'est pas linéaire, cela serait trop facile, elle a des inflexions qui correspondent à des périodes où le vin est fermé. Il est important de goûter régulièrement les vins pour arriver à connaître ces moments d'inflexions.

Ce sont des informations que l'on échange avec le vigneron, ou avec d'autres confrères, parce qu'on ne peut pas en permanence goûter tous les vins. Le vigneron doit

Interview

they have many of these. This is a major task. Above all I attempt to win their confidence, this is basic. How else can I give them the best service if I do not have a free hand, if I do not sense that I have their confidence?

Do you go and see the wine growers in their vineyards?

Yes that does happen to me, I would like it to happen more often but it's not always possible. I begin by tasting the wines. If the wines interest me, if the wine grower interests me, I enjoy going to see him, and his vines.

These are tremendous moments. The wine grower must be someone whom I consider reasonable and respectable, someone who deserves being spoken about to people who do not know him.

The customer does not know anybody. When a sample interests me in terms of quality and of business, I take it. I buy it without asking myself whether that would interest customers. My choices are based on passion, not on economics.

When a customer buys a wine, do you like telling what you have learned about this wine?

The customer demands this sort of thing. This is what a relationship which one has with a wine retailer is all about, and which one does not have elsewhere.

The adventure is that the wine is not only a product, but a little slice of life, something which has been made by a man.

Does the knowledge of gastronomy also play a part in your trade as wine retailer?

Yes, it's one of the pleasures of my trade. I cannot advise someone about a matching if I have never tasted the dish concerned.

You're going to make people jealous !

How do you work out the custody of a wine?

The *terroir*-grape relationship gives the wine its tannic structure to a greater or lesser degree. This tannic structure is the framework of its life. This is what enables the wine to evolve through time and to improve. Thanks to the technical data of viticulture, of vinification and maturing, a professional will know how to estimate the peak date for this wine. This will be adjusted for tasting based on professional experience.

The ageing curve for wine is not linear, as that would be too easy: it has inflections which correspond to the periods where the wine is closed. It is important to taste wines regularly to get to know these moments of inflection.

These are details which one exchanges with the wine grower, or with other colleagues, because one cannot be constantly tasting all the wines.

The wine grower must alert us to these moments when his wine tastes bad or tastes good. A wine will be as tannic, and therefore as unpleasant in the mouth, as it will

Interview

nous avertir des moments où son vin se goûte mal ou se goûte bien. Un vin sera d'autant plus tannique, et donc désagréable en bouche, qu'il sera éloigné de son apogée.

La structure tannique se caractérise en bouche par ce qu'un néophyte va appeler "râpeux". Pour enlever cet excès de tannin, il faut ouvrir la bouteille de vin afin que les tanins s'oxydent. Il faut l'ouvrir d'autant plus longtemps à l'avance que le vin est éloigné de son apogée.

C'est pour cela qu'il faut absolument connaître ses vins. Il faut pouvoir dire à son client que ce vin, aujourd'hui, il faut le préparer de telle façon.

Quelques semaines, quelques mois après, cela peut être autrement. Il y a des vins qui sont tout de suite prêts à boire parce qu'ils ne sont pas faits pour durer dans le temps.

D'autres sont faits pour être des vins qui ne peuvent pas se boire jeunes. C'est l'un ou l'autre. C'est un choix qui est imposé parfois par le cépage, le terroir ou le climat, et d'autres fois, c'est un choix du vigneron qui décide de faire ou non un vin exclusivement pour la garde. Il y a des cépages qui laissent au vigneron le choix de techniques différentes. Tous les cépages ne permettent pas cela.

Derrière un vin il y a toujours un vigneron ?

Ah, il y a un homme en tous cas. Il faut qu'il y ait un homme. Une machine ne peut pas donner une âme à un vin. Le vin qui va susciter une réaction, un intérêt, une curiosité, le vin qui va vous interpeller, quelqu'un lui aura forcément communiqué une partie de son âme. Certains vins peuvent être très bons, mais il ne se passe rien et, normalement, un caviste n'est pas là pour véhiculer ces vins-là.

Avez-vous le sentiment de connaître le vin ?

Ah, non, je ne connais pas du tout le vin. Personne ne connaît le vin. Le vin, c'est une question d'expérience. Vous connaissez un vin quand vous l'avez goûté, avant de le goûter vous ne pouvez absolument pas en parler.

Un caviste au début ne peut proposer que des vins qui l'ont ému parce qu'il n'a pas de recul, il n'a pas d'expérience. C'est un métier qui se fait dans le temps.

Personnellement, je ne veux pas connaître, je veux continuer à découvrir. C'est cela qui entretient la passion.

Quels conseils donneriez-vous au lecteur?

Le conseil est le même pour tout le monde : il faut laisser choisir le caviste !

Jean-Luc Tucoulat
Les Caves du Roy
21, rue Simart
75018 Paris
Tél.: 00 33 1 42 23 99 11
E-mail :
les-caves-du-roy@wanadoo.fr

Interview

be away from its peak. The tannic structure is characterised in the mouth by what a novice would call "rough". To remove this excess of tannin, one must open the bottle so that the tannins can oxidise. One must open it as much in advance as the wine is away from its peak.

That's why you must have a total knowledge of your wines. You must be able to say to your customers that, today, they must prepare this wine in such a way.

A few weeks, a few months later, it could be otherwise. There are wines which are at once ready to drink because they are not made to last.

Others are made as wines which cannot be drunk when young. It's the one or the other. It's a choice which is sometimes imposed by the grape variety, the terroir or the climate, and at other times, it's for the wine grower to choose whether or not to make a wine for keeping. There are grape varieties which leave the wine grower a choice of different techniques. Not all grape varieties allow for that.

Is there always a wine grower behind a wine?

Oh, there is always a man. There must always be a man. A machine cannot give wine a soul. For the wine which is going to bring out a reaction, an interest, a curiosity, for the wine which is going to call out to you, someone is sure to have communicated a part of their soul. Certain wines can be very good, but nothing happens, and usually, a wine retailer is not there to promote such wines.

Do you think you know about wine?

Oh, no, I do not know everything about wine. Nobody knows about wine. With wine, it's a question of experience. You know a wine when you have tasted it: before tasting it you are completely unable to talk about it.

When he starts off, a wine retailer can only propose wines which have excited him because he has no detachment, no experience. It's a job which takes time to learn.

Personally, I do not want to know, I want to continue discovering. That's what sustains my passion.

What advice would you give the reader?

The advice is the same for everybody: you must let the wine retailer chose!

Jean-Luc Tucoulat
Les Caves du Roy
21, rue Simart
75018 Paris
Tel.: 00 33 1 42 23 99 11
E-mail :
les-caves-du-roy@wanadoo.fr

AT THE CAVISTE'S

Interview

Pierre BOUDRY

Pierre Boudry, sommelier et caviste, tient une cave à Paris, sélectionne des vins respectueux des terroirs.

Comment se déroule une de vos journées ?

Je commence par ouvrir la boutique, je sors la décoration et je fais un peu de nettoyage. Ensuite, je fais l'inspection des casiers c'est-à-dire un inventaire visuel. Je note les produits que je dois commander.

C'est important de faire un inventaire visuel pour bien assurer la vente. Cela permet de gérer les stocks, de proposer au client une plus grande palette de vins et de vendre en ciblant. Je faisais la même chose quand je travaillais dans la restauration.

Quand je ne reçois pas de clients, je lis la presse professionnelle pour suivre ce qui se passe dans le monde du vin. C'est important. Je fais aussi des livraisons aux clients, mais je les fais au moment du repas ou après la fermeture.

Quelles sont les périodes de pointes et de creux dans la journée ?

A part le samedi matin, les matinées sont calmes. Les après-midi sont calmes aussi jusqu'à 18 heures. Entre dix-huit et vingt heures, c'est la grosse affluence.

Les gens viennent chercher leur bouteille de vin pour leur repas, pour leurs invitations.

Pensez-vous qu'il y a des conseils que l'on peut demander au caviste et auxquels les gens ne pensent pas forcément ?

Malheureusement, les gens ne pensent pas souvent à nous demander conseil. Le vin c'est quand et comment : à quel moment, à quelle température, avec quoi. On peut aussi me demander conseil pour un tire-bouchon, pour une carafe, pour le service, ou encore de situer géographiquement un vin pour se donner une idée de ses saveurs, toutes les questions qui peuvent se rapporter au vin ! J'y réponds avec grand plaisir.

Notre profession de caviste commence à être reconnue, mais beaucoup de personnes confondent le marchand de vin avec un épicier. Oui, c'est un épicier, mais au sens noble du terme, celui de la sélection, de la connaissance du produit, du conseil.

Il ne faut pas le confondre avec l'épicier des linéaires. Le caviste est un professionnel, il a sélectionné ses produits.

Le caviste connaît également la cuisine. Pouvez-vous me donner un exemple du processus d'association mets-vin ?

Oui. On va prendre un exemple, une raclette. C'est assez simple comme processus. C'est un plat d'hiver très

Interview

Pierre BOUDRY

Pierre Boudry, sommelier and wine retailer, manages a cellar in Paris, specialising in terroir-sensitive wines.

Describe a typical day in your work?

I begin by opening the shop, I take out the shop dressing and I do a little cleaning. Following this, I make an inspection of the racks, as a visual inventory. I note the products which I must order. It's important to make a visual inventory so as to make sure of sales.

That enables me to organise my stock, to offer the customer the largest palette of wines and to target sell. I did the same thing when I used to work in the restaurant business.

When I am not receiving customers, I read the trade press to follow what is going on in the world of wine. This is important. I also make deliveries to customers, but I do these during the lunch hour or after closing.

What are the busiest and the slackest periods during the day?

Except for Saturday, mornings are calm. Afternoons are also calm until 6 o'clock. Between 6 o'clock and 8 o'clock, it's peak shopping. People coming looking for their bottle of wine for their meal, for their invitations.

Do you think that there is advice which one can ask a wine retailer and which people have not necessarily thought about?

Unfortunately, people seldom think of asking our advice. Wine is when and how: at what moment, at what temperature, with what. One can also ask my advice about a corkscrew, a carafe, for serving, or even to geographically situate the wine so as to give an idea of its flavours, all questions which have a bearing on the wine! I get great pleasure in answering these.

Our profession as wine retailers is beginning to be recognised, but many people confuse the wine merchant with a grocer. Yes, it's grocery, but in the noble sense of the term, that of selection, of knowledge of the product, of advice.

One should not confuse this with the supermarket grocer. The wine retailer is a professional, as he has selected his products.

The wine retailer also knows about cuisine. Could you give me an example of the met-vin association process?

Yes. Let's take an example, a *raclette*. This is simple enough as a process. It's a very friendly and likeable winter dish. *Raclette* is a pressed cooked cheese for melting. It's a cheese which has a very strong and aromatic taste, but it's also a melted cheese which is rather difficult to digest. You're therefore going to need suffi-

Interview

convivial et très sympathique. La raclette est un fromage fondu à pâte pressée cuite. C'est un fromage qui a un goût très prononcé et très aromatique, mais c'est aussi un fromage fondu qui est assez difficile à digérer. Il va donc falloir des vins assez rafraîchissants avec une belle matière minérale, une belle acidité, une belle fraîcheur en bouche. Je vais conseiller un vin blanc.

Un autre exemple ?

L'exemple d'un plat plus complexe : une blanquette de veau. C'est une viande blanche, moelleuse, avec des petits oignons revenus, déglacés au vin blanc, avec un fond de veau. La viande est braisée préalablement et cuite à l'étouffée pendant un certain temps. Les goûts vont être assez distincts.

Donc, je sais comment est confectionnée la blanquette et je sais quels goûts elle a. Je vais chercher dans ma mémoire olfactive des arômes similaires ou contrastés qui vont pouvoir s'associer les uns aux autres et mettre en valeur le plat. Je dis au client que sur ce plat, mon conseil est de boire un vin blanc. Par exemple un Chablis, un Graves blanc ou un Bergerac blanc, des vins qui ont des belles structures, des belles puissances tout en étant des vins suaves qui vont très bien accompagner ce plat. Si on me demande un vin rouge, je ne pourrais donner aucun conseil.

Y a-t-il des conseils particuliers à demander lorsque le vin doit voyager ?

Je donne toujours un conseil de transport quand le client doit voyager, c'est un rélexe. Les bouteilles de vin sont fragiles et on doit y faire attention. Si le client doit prendre l'avion, je lui conseille de prendre les bouteilles avec lui dans la cabine parce que dans les soutes le vin peut prendre un coup de froid, les soutes à bagages ne sont ni climatisées, ni pressurisées. S'il est en voiture, je lui conseille de veiller à ne pas mettre le vin au soleil, de ne pas mettre le vin dans la ligne d'échappement.

Les vins ont-ils besoin de repos après un voyage ?

Il y a des vins qui ont besoin de repos, d'autres moins. Cela peut être une semaine, quinze jours, un mois, deux ou encore plus longtemps pour certains vins. Il ne faut pas oublier que le vin est un être vivant.

A quelles occasions dégustez-vous du vin ?

Je ne déguste jamais tout seul. Le vin est symbole de convivialité. Si je devais déguster tout seul, je serais capable de mettre deux verres !

Le vin c'est une communication donc c'est entre amis, entre amis du vin, ou alors avec des personnes qui m'ont donné leur confiance pour que je puisse leur expliquer ce qu'est le vin. C'est aussi, en quelque sorte, une relation amicale.

Je ne déguste jamais avec quelqu'un que je n'apprécie pas. Je déguste de préférence dans un endroit calme, agréable à vivre, sans fumée de cigarette. Dans un endroit, en quelque sorte, préservé. Les dégustations matinales sont vraiment les meilleures. Le corps est le plus réceptif le matin à jeûn et il ressent aussi plus vite l'agression des mauvais produits. Et puis, le matin la mémoire est plus vive parce qu'elle est reposée. Les

Interview

ciently refreshing wines with a fine minerality, a fine acidity, a fine freshness in the mouth. I would recommend a white wine.

Another example?

The example of a more complex dish: a *blanquette de veau*. This is a white meat, tender, with small browned onions, melted into white wine, with a stock base of veal. The meat is braised beforehand and cooked *à l'étouffée* for a certain time. The taste is going to be rather distinct.

Now, I know how the *blanquette* is prepared and I know its flavours. So I am going to search my olfactory memory for similar or contrasting aromas which can be inter-linked to bring out the best with this dish. I tell the customer that for this met, my advice is to drink a white wine.

For example, a Chablis, a white Graves or a white Bergerac, wines which have fine structure, great power as exquisite wines to go very well with this dish. If I were asked for a red wine, there is no advice I could give.

What is your detailed advice when the wine must travel?

I always give transport advice when the customer has to travel, it's a reflex. Wine bottles are fragile and one must take care. If the customer is to take a flight, I advise him to take the bottles with him in the cabin because in the hold the wine might become too cold; baggage holds are neither air-conditioned or pressurised. If he is motoring, I advise him to be careful not to put the wine in the sunlight, nor to put the wine near the car exhaust pipe.

Do wines need to rest after a voyage?

There are some wines which need to rest, others less so. That can be a week, fifteen days, a month or two, or even longer for certain wines. One must never forget that wine is a living thing.

When do you taste wine?

I never taste wine on my own. Wine is the symbol of friendliness. If I had to taste alone, I would still put out two glasses! Wine is communication so it's between friends, between wine lovers, or even with people who have placed their confidence in me so that I can tell them what wine is about. It's also, in a way, a friendly relationship. I never taste wine with someone whom I do not like.

I taste wine, by preference, in a calm place, agreeable, without cigarette smoke. In a protected place, almost. Morning tastings are really the best ones. One's body is more receptive in the morning on an empty stomach and is quicker to feel the aggression from artificial products. And then, in the morning, memory is more active because it has been at rest. Tastings can also happen in the evening, in conviviality.

Isn't the big difficulty with tasting to link words with feelings?

Wine is complex. The pleasure with wine is the search, it's a quest, and it isn't simple. If you taste wine like a simple product, you will miss out on a lot of things. You must give yourself the means to search into the complexity, to be on the alert and to concentrate. There is a technique for tasting, not very complicated, but essential to know. You must also be

Interview

dégustations peuvent aussi se faire le soir, dans la convivialité.

Est-ce que la grande difficulté de la dégustation est d'associer des mots aux sensations ?

Le vin est complexe. Le plaisir du vin est une recherche, c'est une quête, ce n'est pas simple. Si on déguste le vin comme un produit simple, on passe à côté de beaucoup de choses.

Il faut se donner les moyens de rechercher la complexité, être en éveil et se concentrer. Il y a une technique de dégustation, pas très compliquée, mais il faut connaître cette base. Il faut aussi s'intéresser aux cépages, au terroir, aux méthodes de vinification.

Cela ne s'apprend pas du jour au lendemain. On peut aussi faire attention à ce que l'on mange, différencier une sôle pêchée à la ligne sur un petit bateau des côtes et du poisson carré avec de la sciure de bois dessus. Si on n'est pas capable de faire la différence, c'est qu'on ne fait pas attention.

Quand je mange un fruit qui a mûri au soleil, je ferme les yeux et je m'enrichis, j'essaye de prendre du plaisir. Le vin est plus complexe qu'un fruit parce qu'il y a eu une fermentation.

C'est l'alchimie de la transformation des sucres en alcool et de tous les éléments œnoleptiques du raisin, la transformation des arômes primaires du fruit. Il faut essayer de s'emplir de tout ce qu'il peut y avoir dans le vin. C'est complexe.

C'est la complexité du vin que vous recherchez lors de la dégustation ?

Je ne la recherche pas, elle est là. Il y a des vins qui ont des fermentations très stéréotypées, très simples, où l'on a recherché l'expression de goûts pour plaire aux gens. Dans ces cas, le fruit est très prononcé ou bien il y a des goûts de bois parce que cela rassure le consommateur. Mais non, justement, le vin ne doit pas avoir le goût de bois, surtout pas ! Les notes boisées doivent être dans des finales très éloignées.

A quoi compareriez-vous la dégustation ?

A la lecture, à la musique. Chaque gorgée doit apporter quelque chose de différent comme plusieurs lectures d'un texte. J'ai encore dans la bouche le goût du vin que j'ai dégusté il y a une heure. Il est encore présent. J'ai encore cette finale pointue, longue, du vin que je viens de boire. C'était un vin de Sauvignon avec une grande vivacité, une grande fraîcheur en bouche.

Boire du vin sans y faire attention, c'est de l'alcoolisme. Si on y fait attention, c'est une forme d'épicurisme, c'est une quête en quelque sorte.

Le vin vous raconte-t-il des choses quand vous le dégustez ?

Oui, il me raconte l'histoire d'une terre, d'un grain de raisin qui a vécu avec du soleil, du végétal, de la terre. On ressent tout ça dans la bouche. On le ressent surtout avec les vins naturels. Avec les vins chimiques, ce n'est pas possible : la chaîne a été cassée.

Y a-t-il des idées reçues qui vous agacent particulièrement ?

Oui, plusieurs. L'idée que les bons vins sont les vins de Bordeaux. Il y a de bons vins à Bordeaux, mais ailleurs aussi. L'idée que les vins

Interview

interested in grape varieties, in the terroir, in vinification methods. This takes time. You can also pay attention to what you are eating, to tell the difference between a sole angled from a little coastal smack and a squared-off fish coated in "sawdust". It you are unable to tell the difference, it's because you have not paid enough attention.

When I eat a fruit which has ripened in the sun, I close my eyes and I am enriched while attempting to take pleasure.

Wine is more complex than a fruit because it has been fermented. It's the alchemy of the transformation of sugars into alcohol and all the wine-associated elements of the grape, the transformation of primary aromas from the fruit. One must try to fill oneself with everything there can be in wine. It's complex.

Are you looking out for complexity when you are tasting?

I am not searching for it. It is there. There are wines which have very stereotyped fermentation, very simple, where one has looked for the expression of tastes to please people. In these cases, the fruit is very pronounced or there is even a woody taste because this reassures the consumer. But no, really, the wine must not have the taste of wood, above all! The woody notes must be in the very drawn-out *finale*.

What would you liken tasting to?

To reading, to music. Each mouthful must bring something different as with several readings of a text. I still have in my mouth the taste of the wine which I sampled an hour ago. It's still there. I still have this precise, long *finale* of the wine which I have just drunk. It was a Sauvigon wine with a great vivacity, a real freshness in the mouth. Drinking wine without paying attention is alcoholism. Pay attention, and it's a form of Epicureanism, it's a quest.

Is the wine telling you things while you are tasting it?

Yes, it is telling me the story of a land, of a grape which has lived with the sun, of the plant, of the earth. One feels all this in the mouth. One feels it especially with natural wines. With chemical wines, this is not possible: the chain has been broken.

Are there any preconceived notions which particularly annoy you?

Yes, several. The idea that good wines are Bordeaux wines. There are good wines in Bordeaux, but also elsewhere. The idea that white wines give you a headache. The idea that the rosé is a bad beverage. The idea that one should not offer a white wine and a red wine during the same meal. I cannot propose one wine which goes well with oysters and *foie gras* and a leg of lamb all at the same time! I do not know how to do this. If people do not pay attention, one is at risk of manufacturing wines for them which go with everything, which they will be able to drink whenever and however. They will no longer benefit from the result of a work with Nature. Indeed this has already begun.....

Do you consider yourself as a courier of knowledge?

I try to pass on my passion. As I often tell my customers, I am not only there

Interview

blancs donnent mal à la tête. L'idée que le rosé est un mauvais breuvage. L'idée qu'il ne faut pas proposer au cours d'un même repas du vin blanc et du vin rouge. Je ne peux pas proposer un vin qui se mariera à la fois avec des huîtres, du foie gras et du gigot d'agneau ! Je ne sais pas faire.

Si les gens ne font pas attention, on risque de leur fabriquer des vins qui iront avec tout, qu'ils pourront boire n'importe quand et n'importe comment. Ils n'auront plus le résultat d'un travail avec la nature. Cela a d'ailleurs déjà commencé...

Vous considérez-vous comme un passeur de connaissances ?

J'essaye de transmettre ma passion. Comme je le dis souvent à mes clients, je ne suis pas là uniquement pour vendre, je suis là pour transmettre. Si la transmission se fait bien, la vente se fait mieux.

Les vins de ma boutique proviennent de vignerons qui ont une passion de leur terre, de leur vigne, de leur travail, cela permet aux clients de se faire une idée de goûts différents, d'apprendre à connaître les différences, de connaître de nouveaux vins et puis, surtout de se faire plaisir. Ma première devise c'est "se faire plaisir à faire plaisir".

Pierre Boudry
Racines, Terre et Vins
22, rue de Douai
75009 Paris
Tél.: 00 33 1 40 82 93 29

Interview

to sell, I am there to pass on. If the passing-on is done well, the selling is better. The wines in my shop come from wine growers who have a passion for their land, their vine, their work, that in turn enables customers to get an idea of different tastes, to learn to tell the differences, to meet new wines and then above all to take pleasure. My first motto is "take pleasure in giving pleasure".

Pierre Boudry
Racines, Terre et Vins
22, rue de Douai
75009 Paris
Tel.: 00 33 1 40 82 93 29

Au restaurant

AU PAYS DE LA CARTE DES VINS *118*

Explications 122
Parler avec le sommelier 124
Les conseils du sommelier 126
Lexiques 129

INTERVIEWS *130*

Arnaud Fatôme 130
Jean-Charles Botte 138

Au restaurant

At the restaurant

| IN THE LAND OF THE WINE LIST | 119 |

Explanations 123
Spealing with the sommelier 124
The advices of the sommelier 126
Glossary 129

| INTERVIEWS | 131 |

Arnaud Fatôme 131
Jean-Charles Botte 139

Vous êtes à table,
dans un restaurant
de la région, avec
des amis...

Au pays de la carte des vins

Vous êtes à table, dans un restaurant de la région, avec des amis. Tous les convives sont concentrés dans le choix du menu, vous, vous pensez au vin.

C'est à vous que l'on a confié le soin de le choisir. La carte entre vos mains est encore fermée, mais vous rêvez déjà. La carte des vins, vous voulez la ressentir comme une invitation au voyage, une composition artistique, un recueil de contes... le livre que vous attendiez de lire avec impatience...

Vous observez la salle, profitant de l'instant présent, du décor, de l'atmosphère dans laquelle vous êtes venu vivre, autour d'un repas, un moment de votre vie. Vous remarquez le sommelier qui officie à une autre table. Une cliente goûte le vin que celui-ci vient de lui servir. Semblant déroutée au premier abord, elle a ensuite fermé les yeux un court instant... son visage s'illumine maintenant d'un grand sourire. Le sommelier qui attendait, légèrement en retrait, carafe en main, peut servir les autres convives.

A votre table, les yeux se lèvent des menus, se consultent. Vous revenez à la carte des vins et parcourez les premières pages. Les paysages des différentes régions se succèdent, chargeant l'air d'arômes et de saveurs, les noms des vignerons vous laissent entrevoir des histoires de vignes, de terroir, de soleil et de plaisir. Quelle belle carte! Autour de vous, on hésite sur le menu. Vous

You and your friends are seated in a restaurant of the area...

In the Land of the Wine List

You and your friends are seated in a restaurant of the area. The guests are all perusing the menu choices, but you are thinking of wine, which you have been given the task of choosing.

The wine list in your hands is still closed, but you are dreaming already. You experience a wine list like an invitation to a journey, an artistic composition, a collection of tales - a book you have been eagerly waiting to read.

You look around the room, fully present, taking in the décor and the atmosphere in which you have chosen to live this moment of your life, around a meal. You notice the *sommelier* in attendance at another table. A woman customer is tasting the wine he has just served her. At first she seems confused, and closes her eyes for a moment, but then a broad smile lights up her face. Standing slightly behind her, the waiting *sommelier*, carafe in hand, can now serve the other guests.

At your own table, your friends look up from the menu and exchange questioning glances. You turn back to the wine list and peruse the first pages. The landscapes of the various regions seem to drift by, filling the air with their smells and tastes. The names of the winemakers give a glimpse of grapes, terroir, sunshine, and pleasure. What a beautiful wine list!

Around the table, people are having trouble making up their minds.

"Let's all choose the same dish", you say.

proposez de se mettre d'accord sur un même plat, la carte des vins est si belle qu'il serait dommage de ne pas tous profiter de l'accord que pourrait nous proposer le sommelier.

"Mais, non, choisis-nous un vin qui va avec tout !"

"Ce n'est pas possible. Heureusement, ce n'est pas possible! Un vin ne peut pas aller avec tout."

On se regarde un peu surpris par votre ton.

"Oui, un vin ne peut pas aller avec tout et ce soir, je vous propose de passer un moment unique qui sera associé dans notre mémoire à un accord de saveurs et d'arômes."

Votre enthousiasme est communicatif, vous vous mettez tous d'accord sur un menu. Tout va pour le mieux au pays de la carte des vins, vous pouvez appeler le sommelier.

"This is such a good wine list, it would be a pity if we didn't make a common choice so we can take advantage of whatever the *sommelier* suggests."

"Oh no! Just pick a wine that goes with everything!"

"I'm sorry, it can't be done. In fact, it's a good thing it can't. No wine can go with everything."

Your friends are a little surprised by your tone.

"That's right. No wine single can go with everything. And tonight, I suggest we share a unique moment which our memories will always relate to a certain marriage of taste and smell."

Your enthusiasm wins them over, and you all agree on what to eat. All is for the best in the land of the wine list, and you can now summon the *sommelier*.

AT THE RESTAURANT

Quelques explications...

- **La profession de sommelier**

  La sommelière ou le sommelier est la personne chargée des vins dans un restaurant. Elle gère la cave, sélectionne les vins, surveille leur évolution et assure leur préparation et leur service auprès de la clientèle. Elle a également un rôle de guide, de conseil, d'information pour aider les clients à choisir le vin qui se mariera le mieux avec le plat commandé.

- **La carte des vins**

  La carte des vins présente la liste des vins sélectionnés et disponibles. Elle doit satisfaire votre curiosité en donnant le maximum d'informations, de précisions et ne pas vous induire en erreur. La carte des vins est le reflet de la personne qui l'a composée : professionnelle, passionnée, curieuse, traditionnelle, engagée ou plus tristement commerciale. Enfin, la carte des boissons doit légalement indiquer les prix nets, la nature de la boisson et la contenance.

- **La cave**

  Le vin réclame, en attendant d'être servi, un endroit frais, sans vibrations, sans odeurs, avec un certain degré d'hydrométrie : le vin réclame une cave. La salle de restaurant n'est donc pas l'endroit idéal pour entreposer les bouteilles. Les restaurants qui possèdent une cave remplie de centaines de bouteilles mettent en place une cave relais, appelée "cave du jour", qui permet d'avoir à disposition, pour le service, des vins stockés dans des conditions favorables. La cave du jour peut être une armoire à vins.

- **L'ouverture de la bouteille**

  Le sommelier vous présente la bouteille que vous avez choisie en vous montrant l'étiquette et en vous annonçant le nom et le millésime. Ensuite, il découpe la capsule métallique, soit au milieu de la bague (méthode recommandée par l'Association de la Sommellerie internationale), soit juste en dessous. Ces deux méthodes sont propres et évitent que le vin soit en contact avec la capsule. Après avoir retiré le bouchon, il le sent pour vérifier qu'il n'y a pas d'odeur anormale (le vin pourrait être bouchonné). Il peut aussi le goûter si c'est un vin qui est ouvert plus rarement. Le sommelier fait alors goûter le vin à celui qui l'a commandé et recueille son assentiment. S'il n'y a aucune objection, le vin est alors servi aux autres personnes (par la droite).

Some simple explanations...

- **Being a sommelier**

    The *sommelière* or *sommelier* is the person responsible for wines in a restaurant. She or he manages the cellar, selects the wines, checks their development and takes care or their preparation and service to the customers. She or he also has the role of guiding, advising, informing and helping the customers to make the best choice of wine to match their dish.

- **The wine list**

    The wine list shows the wines selected and available. It must satisfy your curiosity giving the maximum of information and precision and not mislead you. The wine list is the reflection of the personality of the person who wrote it : professional, passionate, curious, traditional, committed or more simply commercial. Finally, the drinks list must by law indicate the net prices, type of beverage and the capacity.

- **The cellar**

    Wine needs to be stored in a cool place, with no vibration, no smells and a certain degree of humidity : an ideal place is a cellar. The dining room of a restaurant is not the best place to store bottles of wine. The restaurants that own hundreds of bottles set up a secondary cellar named *cave du jour* (lit. day cellar) which enables bottles to be closer to the dining room but still stored in correct conditions. The cave du jour may be a wine fridge.

- **Opening the bottle**

    The *sommelier* presents you with the bottle you have chosen showing you the label and stating the wine's name and vintage. He then cuts the capsule, either cutting it in the middle of the collar (recommended method by the *International Sommellerie Association*) or just beneath the collar. These two methods are hygienic and avoid contact between wine and capsule. After he has extracted the cork, he smells it to check that there is no abnormal smell (the wine could be corked). He may also taste it if it is a seldom served wine. The *sommelier* then gives the person who ordered it an inch for smelling or tasting then waits for his approval. If there is no objection, the wine is then served to the guests (on the right).

Speaking with the sommelier
Parler avec le sommelier

ASKING FOR ADVISE *DEMANDER CONSEIL*

- Would you please give us some advice in choosing the wine?
  Pourriez-vous nous conseillez dans le choix du vin, s'il vous plaît ?

- Could suggest an unusual wine?
  Pourriez-vous nous conseiller un vin différent (original) ?

LETTING YOURSELF BE GUIDED *SE LAISSER GUIDER*

- Usually, I don't drink white wines but I am prepared to experiment.
  En général, je ne prends pas de vin blanc mais je suis prêt à tenter l'expérience.

- This the first time that I have tasted a wine from this appellation area.
  C'est la première fois que je goûte un vin de cette appellation.

- I agree with pleasure to taste blind the wine of your choice.
  J'accepte avec plaisir de goûter à l'aveugle le vin de votre choix.

GETTING EXPLANATIONS *SE FAIRE EXPLIQUER*

- I don't know this appellation. What are the wines like there?
  Je ne connais pas cette appellation. Quel est le style de vins produits ?

- Why do you pour the wine into a carafe (I thought that young wines were not decanted.)
  Pourquoi mettez-vous le vin en carafe ? (Je pensais qu'on ne mettait pas les vins jeunes en carafe.)

- Why don't you pour the wine into a carafe? (I thought that old wines had to be poured into a carafe.)
  Pourquoi ne mettez-vous pas le vin en carafe ? (Je pensais qu'on mettait les vieux vins en carafe.)

- There is a deposit in the wine. Is it normal?
  Il y a un dépôt dans le vin. Est-ce normal ?

- Why does this wine sparkle?
  Pourquoi ce vin pétille-t-il ?

- Is this the normal colour of this wine?
  Est-ce la couleur normale de ce vin ?

- Could you tell me why do you take the bottle out of the bucket?
  Pourquoi sortez-vous la bouteille du seau ?

- Is it a good vintage?
  Est-ce un bon millésime ?

- Why do you wear an apron?
  Pourquoi portez-vous un tablier ?

- Is that the insignia of the sommelier profession that you wear on your jacket?
  Est-ce l'insigne des sommeliers que vous portez sur votre veste ?

THANKING FOR THE ADVICE *REMERCIER POUR LE CONSEIL*

- I thank you very much for the choice you made.
  Je vous remercie beaucoup pour votre choix.

- I really enjoyed this wine.
  J'ai vraiment beaucoup apprécié ce vin.

- This is the first time that I have appreciated a white wine.
  C'est la première fois que j'apprécie un vin blanc.

- Could you note down for us the address of this estate?
  Pouvez-vous nous noter les coordonnées de ce domaine ?

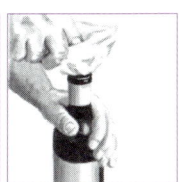

Opening the bottle

The advices of the sommelier
Les conseils du sommelier

SHOWING THE WINE LIST *LA PRÉSENTATION DE LA CARTE*

- May I show you the wine list?
  Puis-je me permettre de vous présenter la carte des vins ?

CHOOSING A WINE
LE CHOIX DU VIN

- Have you made your choice?
  Avez-vous fait votre choix ?

- Would you like some advice?
  Désirez-vous un conseil ?

- What kind of wine do you like?
  Quel style de vins aimez-vous ?

- Do you prefer supple or hard tanins?
  Est-ce que vous préférez les tanins souples ou les tanins durs ?

THE ADVICES OF THE SOMMELIERS *LES CONSEILS DU SOMMELIER*

- This wine is not at its best at the moment. I suggest this one which is really in a blooming period.
  Ce vin est un peu fermé en ce moment. Je vous conseillerais davantage ce vin ci qui est vraiment dans une période d'épanouissement.

- I think a red wine and a white wine will be ideal to accompany the different menus of your guests.
  Je pense qu'un vin rouge et un vin blanc accompagneront idéalement les menus de vos convives.

- I suggest this well-structured red wine which will be a perfect match with the dish you have chosen.
  Je vous suggère ce vin rouge bien charpenté qui sera parfait avec le plat que vous avez choisi.

- I think that a light red wine will be appropriate to your choice.
  Je pense qu'un vin rouge léger conviendra parfaitement avec votre choix.

- We have especially selected this wine to accompany this dish.
  Nous avons spécialement sélectionné ce vin pour accompagner ce plat.

- This wine is at its peak.
  Ce vin est à son apogée.

EXPLANATIONS OF THE SOMMELIER *LES EXPLICATIONS DU SOMMELIER*

- This is an appellation from the Languedoc region. I'm happy to introduce it to you
  C'est une appellation du Languedoc. Je suis heureux de vous la faire découvrir.

- I am going to pour the wine into a carafe to aerate it. It will taste better this way.
  Je vais mettre le vin en carafe pour l'aérer. Il s'exprimera mieux ainsi.

- There is a light deposit because the wine has not been filtered.
  Il y a un léger dépôt parce que c'est un vin qui n'a pas été filtré.

- This is a very good vintage for this winegrower.
  C'est un millésime très réussi pour ce vigneron.

- This wine lightly sparkles because the winegrower does not rack the wine during the maturing period.
  C'est un vin qui pétille légèrement parce que le vigneron ne pratique pas de soutirage pendant l'élevage.

- This wine belongs to the *vin de table* category because it does not complies with the appellation standards, but it is a great wine.
  C'est un vin de la catégorie «vin de table» parce qu'il est hors normes par rapport à l' appellation, mais c'est un très grand vin.

- This wine has a pale colour because it is young and because it is a characteristic of this type of wine.
  La robe est claire parce que c'est un vin jeune et c'est aussi une caractéristique de ce genre de vin.

- I am taking the bottle out of the bucket so that the wine does not get too cold. The cold could hide its bouquet. I will put it back in later.
  Je sors la bouteille du seau afin que le vin ne soit pas trop froid. Cela paralyserait son bouquet. Je l'y remettrai un peu plus tard.

GLOSSARY
AT THE RESTAURANT

Le sommelier

gérer la cave : *to manage the cellar*
présenter la carte des vins : *to show the winelist*
aider : *to help*
conseiller : *to advise*
informer : *to inform*
expliquer : *to explain*
choisir : *to choose*
servir : *to serve*
ouvrir la bouteille : *to open the bottle*
mettre en carafe, carafer : *to pour into a carafe*

Les accessoires du sommelier

un tablier : *apron*
un verre : *glass*
une carafe : *carafe*
un tire-bouchon : *corkscrew*
un limonadier : *a Waiter's Friend (corkscrew)*
un seau à glace : *ice bucket*
un panier à vin : *wine basket*

La carte des vins

la carte des vins : *wine list*
une page : *page*
une appellation : *appellation*
un millésime : *vintage*
une catégorie : *category*
la provenance : *origin*
la région d'origine : *region of origin*
le nom du propriétaire : *name of the owner*
le nom de la propriété : *name of the property*
le nom du château : *name of the château*
le nom du négociant : *name of the wine merchant*
le nom du vin : *name of the wine*
une bouteile : *bottle*
une demi-bouteille : *half bottle*
un verre de vin : *glass of wine*
un carafon : *small carafe*

La bouteille

une capsule : *capsule*
l'étiquette : *label*
le bouchon : *cork*
la contenance : *capacity*

Le restaurant

la salle : *dining room*
la cave : *cellar*
armoire à vin : *wine fridge*
les convives : *guests (at a meal)*
les invités : *guests*
le repas : *meal*
un repas d'affaires : *business meal*
un déjeuner : *lunch*
un dîner : *dinner*
un apéritif: *aperitif*
une entrée : *starter*
un plat : *dish*
un dessert : *dessert*
un cigare : *cigare*
une liqueur : *liqueur*
une eau-de-vie : *brandy*

Accords mets-vin

Accords mets-vin : *matching food and wine* (▶ *p.101*)

Interview

Arnaud FATÔME

Arnaud Fatôme, officie en tant que chef sommelier au restaurant Le Clovis à Paris.

Comment se déroule une de vos journées ? Par exemple, la journée d'hier.

J'ai commencé ma journée vers 10 heures. J'ai fait un petit briefing avec mon assistant. Il s'occupe de la partie entretien du matériel et de la mise en place de la cave du jour.

Tout doit être prêt pour le début du service. De mon côté, je m'occupe des commandes, de la gestion de la cave et de la mise à jour de la carte. Je suis en relation avec des vignerons, des fournisseurs et avec la personne qui s'occupe de la cave.

Je m'occupe également de la carte ; il faut, par exemple, qu'il n'y ait pas de vins manquants. Voilà mes tâches quotidiennes du matin.

Ensuite, c'est l'heure du service, aux alentours de midi, midi et demi. Hier, tout s'est très bien passé. Le restaurant était presque complet. Nous avons eu des travaux cet été et les clients ont découvert notre nouveau décor et la nouvelle carte par la même occasion, ils étaient ravis. Il y avait des clients que je connaissais, qui se laissent guider et me font confiance. Hier soir, c'était le même type de service.

Quelle est votre définition du métier de sommelier ?

Le sommelier est l'ambassadeur des vignerons auprès des clients du restaurant.

Il est là pour mettre en avant les très beaux vins, les très bons vignerons, en respectant le budget des clients et les plats qu'ils ont choisis.

Il y a aussi la partie que le client ne voit pas, la partie cachée de l'iceberg : le travail de sélection, de gestion de cave, les résultats que l'on nous demande à la fin de chaque mois.

Y a-t-il une partie plus importante ?

Je ne privilégie aucun domaine, j'aime tous les aspects du métier. J'aime être en contact avec le client et parler du vin. J'aime être en contact avec les vignerons, les fournisseurs, et aussi parler du vin.

Quel est le rôle de la carte des vins ?

La carte des vins, c'est la griffe du sommelier. Je pense qu'elle doit être à son image, refléter son tempérament, ses envies et ses émotions. Pour moi, elle doit être vivante, elle doit avoir une âme.

Interview

Arnaud FATÔME

Arnaud Fatôme is head sommelier at «Le Clovis», restaurant in Paris.

Describe a typical day in your work? For example, yesterday.

I began my day at about 10 o'clock. I had a briefing with my assistant. He takes care of the maintenance aspect of the material and the setting-up of the daily relay.

Everything must be ready for serving to start. For my part, I take care of orders, the running of the cellar and of updating of the menu. I am in contact with wine growers, with suppliers and with the person responsible for the cellar.

I also take care of the wine list; there must never be any wines missing. These are my daily tasks for the morning.

After that, it's time to serve, between midday and 12.30 pm. Yesterday everything went very well. The restaurant was almost full. We had had building works this summer so the clients discovered our new décor and our new menu at the same time.

They were delighted. There were customers whom I knew, who let me guide them and trusted me. Yesterday evening it was the same type of service.

What is your definition of a *sommelier*?

The *sommelier* is the wine growers' ambassador to the customers at the restaurant.

He is there to promote really fine wines, from great wine growers, while respecting his customers' budget and the dishes they have chosen.

There is also the aspect that the customer does not see, the hidden aspect of the iceberg: the work of selection, of running the cellar, and the results which are demanded of us at the end of each month.

Is one aspect more important?

I do not give importance to any one field, I like all the aspects of the job. I like being in contact with the customer and talking about wine. I like being in contact with the wine growers, the suppliers, and also talking about wine.

What part is played by the wine list?

The wine list is the *sommelier*'s personal signature. I think that it must be in his image, reflect his temperament, with his desires

AT THE RESTAURANT

Interview

Elle est donc le reflet de votre personnalité ?

Oui, j'espère, j'essaye en tout cas. Je la veux très ouverte, très souple, sans interdits, sans contraintes, sans ligne droite déjà tracée. On peut sortir des sentiers battus, tout est permis à partir du moment où le vin est bon. J'aime proposer une carte très vivante qui bouge beaucoup avec des références qui arrivent, qui partent, parfois d'un jour à l'autre.

Comment la composez-vous ? En fonction des plats élaborés par le chef ?

On pense toujours à la cuisine que prépare le chef. Cependant, avec trois cents références de vin, et évidemment un nombre moins important de plats, il y a toujours des possibilités de mariage. Les deux thèmes de la carte des vins sont "qualité" et "diversité". Les vins sont sensés être bons et la diversité permet toujours de trouver des accords mets-vin, quelle que soit la cuisine qui est proposée.

Comment travaillez-vous les accords mets-vin ?

La carte des plats change environ tous les mois ou tous les deux mois. Il n'y a pas de plats du jour. Lorsque le chef sort un nouveau plat, nous en parlons.

D'une façon générale, je goûte régulièrement les plats. Cela nous permet d'être vraiment en phase. Le chef et moi-même travaillons en osmose. Il n'y a pas la cuisine d'un côté et la sommellerie de l'autre. J'aime aussi lui faire goûter des échantillons que je reçois. Nous les goûtons ensemble, quand il en a le temps. La sélection est vraiment faite sur le dialogue, que ce soit avec le chef, avec mon assistant ou avec quelqu'un qui s'intéresse au vin.

Bien sûr, c'est moi qui décide de commander ou non le vin, mais je ne suis pas seul à le goûter. J'aime beaucoup avoir l'avis des autres.

Comment sélectionnez-vous les vins ?

On peut soit aller voir les vignerons, ce que je fais de temps en temps, soit les vignerons viennent à Paris et organisent des dégustations. Il y a également les agents commerciaux.

Vous avez dit, tout à l'heure, que la carte des vins bougeait. Elle peut changer tous les jours ?

Non, pas tous les jours, mais cela arrive que je change parfois une page ou deux. Elle peut aussi rester un mois sans bouger.

Il n'y a pas de règle ?

Non, c'est comme cela vient. Si je goûte un vin qui me plaît, si j'ai un coup de cœur, je le commande et dès qu'il arrive, je le mets sur la carte.

Quels sont vos sentiments lorsque vous écrivez la carte des vins ?

Je pense au client lorqu'il ouvrira la carte, j'ai envie qu'il soit excité comme lorsqu'il lit un très bon roman, qu'il ait envie de tourner les pages et de ne plus s'arrêter. Il faut qu'elle fasse rêver. Si le client ouvre la carte des vins et la refer-

Interview

and his emotions. For me, it must be living, must have a soul.

So it's a reflection of your personality?

Yes, I hope so, at any rate I am trying. I want it to be very open-ended, very supple, without restrictions, already on a straight course. One can leave the beaten track, everything is allowed from the moment when the wine is good. I like to offer a list which is alive, which alters with references which come, which go, sometimes from one day to the next.

How do you line it up? Based on the dishes created by the chef?

One is always thinking about the cuisine the chef is preparing. However, with three hundred wines, and obviously considerably fewer dishes, there are always possibilities for marriage. The two themes of the wine list are "quality" and "diversity". The wines are judged as being good and the diversity always enables one to find mets-wine harmonies, whatever the cuisine proposed.

How do you work out the mets-wine harmonies?

The food menu changes about one or two months. There is no "today's speciality". Whenever the chef brings out a new dish, we talk about it. In general, I regularly taste the dishes. This enables us to really be on the same wavelength. The chef and I work in osmosis. There is not the cuisine on one side and the wine stewardship on the other. I also like making him taste the samples which I receive. We taste them together, when he has time. The selection is really made through dialogue, be it with the chef, or my assistant or with someone interested in wine. Of course, I am the one who decides whether to order the wine or not, but I am not the only one to taste it. I very much appreciate getting advice from the others.

How to you select the wines?

Either one can go and see the wine growers, which I do from time to time, or the wine growers come to Paris and organise tastings. There are also the business representatives.

You have just said that the wine list was changing. Can it change every day?

No, not every day, but it can occur that I sometimes change a page or two. It can also stay one month without altering.

Is there a rule?

No, it's just as it comes. If I taste a wine which pleases me, if I fall in love with it, I order it and as soon as it arrives, I put it on the list.

What are your feelings whenever you write out the wine list?

I'm thinking about the customer when he opens the list. I want him to become as excited as if he were reading a really good novel, turning the pages and not stopping. It must make him dream. If the customer opens the wine list and closes it immediately, then

AT THE RESTAURANT

Interview

me tout de suite, ce n'est pas gagné. S'il la garde plus de cinq minutes en feuilletant toutes les pages, c'est réussi. J'aimerais parfois que la carte des vins soit un peu plus fantaisiste dans la rédaction. Ce n'est pas évident, en fait, je n'ai pas encore trouvé de bonne idée. Je ne dirais pas que la carte des vins est triste, mais j'aimerais bien sortir un peu de la carte des vins conventionnelle. Ça viendra.

Qu'aimez-vous raconter sur le vin que vous présentez ?

Ce que j'aime par-dessus tout, et que je fais régulièrement, c'est servir les vins à l'aveugle et puis laisser parler les gens. J'essaye de servir des vins assez originaux, sans que les clients voient l'étiquette, comme ça ils n'ont pas du tout d'a priori par rapport à une région, par rapport au pays...

Ils n'ont pas d'idée reçue, c'est cela ?

Voilà. C'est assez amusant. Ce n'est pas dans le but de piéger les gens. Par exemple, si vous servez un Côtes du Lubéron, il y a de très bons Côtes du Lubéron, mais il y aura toujours quelqu'un qui aura quelque chose à redire parce que c'est une région qui n'a pas une très belle image.

Si vous le servez dans une carafe, les gens vont discuter, discuter très positivement. Ils vont juger le vin par rapport à ce qu'ils ont dans le verre et non par rapport à la forme de la bouteille ou à ce qu'il y a écrit sur l'étiquette. C'est beaucoup plus objectif. On arrive à faire aimer des choses aux gens qu'ils n'auraient peut-être pas aimées si on leur avait fait voir l'étiquette.

C'est important pour vous également de présenter le vigneron ?

Oui parce que, par exemple, pour l'appellation Vacqueyras, vous avez Vacqueyras et Vacqueyras. Il y a des vignerons qui travaillent bien, d'autres vignerons qui travaillent bien aussi mais qui sont différents et puis vous avez la production de masse. Et l'appellation Vacqueyras est la même pour tout le monde. C'est valable pour toutes les appellations en France.

La griffe, la philosophie du vigneron, la façon dont il travaille, tout cela est extrêmement important. J'essaye d'avoir le meilleur de chaque appellation.

Quand j'ai un Vacqueyras sur la carte ce n'est pas simplement pour avoir un Vacqueyras. C'est parce que je trouve que c'est le meilleur de l'appellation, que le vin me plaît, que j'ai envie d'en parler et envie de le servir. Quand je l'ai commandé, j'espérais qu'il allait plaire au client.

C'est vrai que lorsqu'on connaît le vigneron, on aura tendance à en parler davantage parce que l'on a discuté longtemps avec lui. Je parle du vin au client avec le cœur. Ce n'est pas de l'incitation, les mots viennent naturellement.

Lorsque vous dégustez avez-vous un réflexe d'association avec un plat ?

La première chose qui me vient à l'esprit est : est-ce que ce vin me

Interview

I've lost. If he keeps it for more than five minutes while turning the pages, it's a success. I would sometimes prefer that the wine list might be a little more original in its layout. This is not obvious, and in fact, I have not yet found the right approach. I would not say that the wine list is dull, but I would certainly like to break away from the conventional. That will come.

What do you like saying about the wine you are presenting?

What I like above all, and what I do regularly, is to serve the wine blind and then let people talk. I try to serve rather original wines, without the customers seeing the label, in such a way as they are unable to make an a priori assumption based on a region or a country.

So they don't have a preconceived notion, is that it?

Exactly. It's rather amusing. It is not done with the aim of trapping people. For example, if you serve a *Côtes du Lubéron*, there are very good *Côtes du Lubéron*, but there will always be someone who will find fault with it because it's a region which does not have a very good image.

If you serve it in a carafe, people will talk about it, talk very positively. They are going to judge the wine in relation to what they have in the glass and not in relation to the shape of the bottle or what has been printed on the label. It's far more objective. One arrives at making people like things that they would not perhaps have liked had they seen the label.

Is it equally important for you to present the wine grower?

Yes because, for example, with the Vacqueyras appellation, there's Vacqueyras and Vacqueyras. There are some wine growers who work well, other wine growers who also work well but who are different and then you have mass production. And the Vacqueyras appellation is the same for everyone. This applies for all the appellations in France.

The signature, the wine grower's philosophy, the way he works, all this is extremely important. I try to have the best from each appellation.

When I have a Vacqueyras on the list, it is not simply to have a Vacqueyras. It is because I find that it is the best of the appellation, that the wine pleases me, that I want to talk about it and want to serve it. When I ordered it, I was hoping that it was going to please the client.

It's true that whenever you know the wine grower, you tend to talk better about it because you have had extensive discussions with him. I speak about wine to my client from the heart. It isn't just sales pitch, the words come naturally.

Whenever you taste, do you have an association reflex for a dish?

The first thing that comes to mind is: is this wine going to give me pleasure? Is it agreeable or

AT THE RESTAURANT

Interview

fait plaisir ? est-ce que c'est agréable ou désagréable ? C'est un petit peu égoïste, mais c'est comme ça, c'est spontané.

Ensuite, je pense à la cuisine, au prix d'achat, à certains clients que je connais qui pourraient aimer ce type de vin. En fait, mon choix est surtout basé sur l'émotion, je sais tout de suite si le vin me plaît ou ne me plaît pas.

Il peut arriver que je doute si je suis fatigué ou si je ne goûte pas au bon moment. Dans ce cas là, je rebouche la bouteille pour l'ouvrir à un autre moment ou bien j'aère le vin, je le mets en carafe. Je le fais aussi goûter à plusieurs personnes, je demande l'avis des uns et des autres. Mais, en général, je sais tout de suite si le vin a sa place sur la carte.

Y a-t-il une ou plusieurs idées reçues qui vous agacent particulièrement ?

Oui plusieurs. Quand j'entends que les vins blancs font mal à la tête, que certains vins rouges sont lourds etc. Bien sûr, ce sont des idées qui ne sont pas là par hasard. Je pense, enfin c'est ce qui se dit, que dans les années 60-70, il y a eu beaucoup d'abus, des excès de soufre qui donnaient mal à la tête.

Dans certaines régions, il y a eu une période où les vins n'étaient pas toujours très bien faits et l'alcool ressortait au détriment du reste, les vins étaient déséquilibrés. Les gens ont gardé ces idées-là alors qu'un bon vin blanc, fait par un bon vigneron, bien vinifié, ne donne pas mal à la tête. On me demande aussi parfois de carafer un vieux vin parce que dans l'esprit des gens on carafe les vieux vins et pas les jeunes, alors que c'est tout à fait le contraire. Les vieux vins sont extrêmement fragiles et l'on évite de les bousculer et justement de les soumettre à une aération violente comme celle produite par la carafe. Cela peut l'anéantir complètement. Alors que les vins jeunes, je les passe en carafe et même des fois assez brutalement pour booster la puissance aromatique du vin.

Je passe aussi les vins blancs, jeunes également, en carafe. J'explique au client que l'aération pour un vin blanc jeune, au même titre qu'un vin rouge, va l'aider à s'exprimer.

Cela vous fait plaisir d'expliquer tout cela ?

Oui, mais je ne cherche pas à donner des leçons, je ne cherche pas à étaler mon savoir, cela ne sert à rien. J'explique, j'aide, je guide quand les clients me le demandent.

Arnaud Fatôme
Chef Sommelier
Restaurant Le Clovis
Sofitel Paris Arc de Triomphe
14, rue Beaujon
75008 Paris
Tél : 00 33 1 53 89 50 53

Interview

disagreeable? This is somewhat egoistic but that's how it is, spontaneous. After that, I think about the cuisine, about the purchase price, about certain customers I know who might like this type of wine. In fact, my choice is above all based on emotion, I know immediately if the wine pleases me or displeases me.

It can happen that I have doubts if I am tired or if I do not taste at the right time. In that case, I recork the bottle to open it another time or I even let it breathe, by putting it in a carafe. I get several people to taste it, asking the advice of him and her. But, in general, I know immediately if the wine deserves its place on the list.

Is there one or several preconceived ideas which particularly annoy you?

Yes, several. When I hear that white wines give you a headache, that certain red wines are heavy etc. Of course, these are ideas which are not there by chance. I think, indeed this is what has been said, that in the 1960's and 1970's, there was a lot of abuse, through excess of sulphur which led to headaches.

In certain regions, there was a period where the wines were not always very well made and with the alcohol emerging to the detriment of the rest, the wines were unbalanced. So people have held onto those ideas even though a good white wine, made by a good wine grower, well matured, does not give a headache. Sometimes I am also asked to carafe an old wine because in people's minds, one carafes old wines and not new ones, even though it's just the opposite. Old wines are extremely fragile and one avoids unsettling them and indeed submitting them to a violent aeration as is produced by the carafe. That can completely ruin it. But with young wines, I pour them into a carafe and even rather brutally sometimes to boost the aromatic power of the wine.

I also pour equally young white wines into a carafe. I tell the client that aeration for a young white wine, in the same way as a red wine, is going to help its expression.

Does it give you pleasure explaining all this?

Yes, but I am not trying to give lessons, I am not trying to show off my know-how, there's no point. I explain, I help, I guide when the customers ask me.

Arnaud Fatôme
Chef Sommelier
Restaurant Le Clovis
Sofitel Paris Arc de Triomphe
14, rue Beaujon
75008 Paris
Tel : 00 33 1 53 89 50 53

Interview

Jean-Charles BOTTE

Jean-Charles Botte, sommelier et caviste sur Internet, créateur de la marque Prélitte, vins de petits rendement, levures indigènes, travail de la terre.

Comment vivez-vous votre métier de professionnel du vin ?

Dans la vie, le plus beau c'est l'amour et dans mon métier, je donne de l'amour. En tant que sommelier, je dois proposer un vin à la hauteur de la qualité de l'assiette. Ce que j'aime beaucoup, c'est découvrir des vins différents, revenir un peu sur le terroir et ensuite les faire découvrir aux clients. C'est mon rôle de professionnel du vin.

Est-ce cela que vous souhaitez transmettre à vos clients ?

Oui, ce n'est pas forcément facile, j'espère que je réussis. Lorsque je vends du vin à une personne, je lui demande ce qui lui ferait plaisir, j'essaye de trouver ce que cette personne aime et n'aime pas avec ses mots. Pour éviter les idées reçues, j'aime proposer des vins à l'aveugle. Si la personne aime, je suis très content. Si la personne n'aime pas, nous en parlons ensemble. En général, les personnes aiment les vins dégustés ainsi.

Quelle est la place du vin dans un restaurant ?

Il faut bien comprendre qu'ouvrir un restaurant est une entreprise difficile. C'est devenu une affaire qu'il faut rentabiliser et dans laquelle il faut rendre des comptes.

Dans un grand restaurant, il y a au minimum vingt employés : un directeur, un maître d'hôtel, un ou deux sommeliers, jusqu'à trois chefs de rang, un second, trois commis, trois serveurs, deux plongeurs... Le seuil de rentabilité est énorme.

La tentation, en ce qui concerne le vin, est de proposer des vins qui vont surtout rapporter de l'argent : des grands noms. La carte des vins flatte alors les idées reçues des clients pour leur donner confiance. On retrouvera sur ces cartes les vins de représentants qui ne sont pas obligatoirement des passionnés ou une proportion très importante de vins de régions très connues comme le Bordelais ou la Bourgogne qui se vendent très bien au restaurant.

Oui, on peut dire que si les vins de Bordeaux sont trop présents, la personne qui a fait la sélection n'est pas une personne passionnée par le vin. C'est une personne qui écoute la demande de Bordeaux. L'équilibre entre les Bordeaux et les Bourgogne est déjà le signe d'une prise de

Interview

Jean-Charles BOTTE

Jean-Charles Botte, sommelier and wine retailer on the Internet, creator of the Prelitte mark, low yield, wild yeast, terroir farming.

What does your job as wine professional mean to you?

The most beautiful thing in life is loving and in my job I communicate love. As a *sommelier*, I must propose a wine on a par with the quality of the dish. What I like very much is discovering different wines, going back a little to the *terroir* and then making customers discover them. This is my role as a wine professional.

Is this what you would like to pass on to your customers?

Yes, it's not that easy, I hope that I succeed. Whenever I sell wine to someone, I ask him if it will give him pleasure, I try to find out what that person likes and dislikes by his words. To avoid preconceived ideas, I like proposing wines blind. If the person likes it, I am very pleased. If the person does not like it, then we discuss it. In general people like this way of tasting wines.

What place does a wine have at a restaurant?

One should appreciate that opening a restaurant is a difficult undertaking. It has become a business that must pay for itself and be held accountable. In a big restaurant, there is a minimum of twenty employees: a director, *a maître d'hôtel*, one or two *sommeliers*, up to three *chefs de rang*, a second, three assistants, two servers, two dishwashers…the break-even point is enormous. The temptation, where wine is concerned, is to propose wines which will above all bring in money: the big names.

So the wine list flatters the preconceived notions of the customers to give them confidence. One will find commercial products which are not necessarily for enthusiasts, but comprise a very important proportion of well known regional wines like Bordeaux or Burgundy which sell very well at the restaurant. Yes, one can say that if Bordeaux wines are too evident, the person who has made the selection is not a wine lover. It's someone who listens to the demand for Bordeaux wines.

The balance between Bordeaux and Burgundy is already the sign of risk taking, above all if the wines chosen are wines from modest proprietors and not from wine-dealing companies. There

Interview

risque, surtout si les vins choisis sont des vins de petits propriétaires et non de Maisons de Négoce.

Il y a des appellations d'autres régions françaises qui sont un peu un passage obligé, comme les vins des Pays de la Loire. Cependant, la présence d'appellations de cette région que l'on a peu l'habitude de goûter est un signe de recherche. Cela est vrai aussi pour les vins du Bordelais. Si l'on trouve des vins du Languedoc-Roussillon et d'autres régions, le client sait que le sommelier a fait une recherche approfondie. Il ne faut pas oublier que la législation oblige les restaurants à indiquer sur la carte : le nom du vin, son appellation, le millésime et le nom de la propriété.

L'absence du nom de la propriété est un très mauvais signe. Il y a d'autres détails dans le service qui sont révélateurs du respect que l'on a dans un restaurant pour le vin, par exemple une bonne température de service, le passage du vin en carafe... Je veux dire aussi que l'on peut souvent trouver des passionnés de vin dans les bars à vin et dans les petits restaurants.

Le métier de sommelier est assez peu connu, non ?

En restauration, il y a trois métiers, la cuisine, la salle et la sommellerie. Si, dans l'esprit du patron, il y a confusion entre salle et sommellerie, c'est une grave erreur.

Le sommelier n'est pas un serveur de vin. Pour éviter cette confusion, il faut que le chef de cuisine forme une équipe avec le sommelier. Il faut une passion communicante entre la cuisine et la sommellerie, que le sommelier soit toujours derrière les fours du chef !

Pouvez-vous raconter un souvenir qui illustre cette entente ?

Oui. C'était à l'époque où je travaillais chez Pierre Lecoutre à l'Atlantide. Il devait recevoir quarante personnes et avait préparé une soupe de coquillages. Il me fit venir en cuisine et me dit en me présentant le plat et un verre "Normalement, ce plat doit aller avec tel vin, qu'est ce que vous en pensez ?" J'ai goûté la soupe. Et je suis allé chercher deux vins.

Après dégustation, c'était le deuxième vin qui allait mieux.
Le premier était trop raide, le deuxième était plus souple.

Nous l'avons à nouveau goûté ensemble et il m'a dit "c'est absolument cela qu'il nous faut". J'ai téléphoné au vigneron et je suis allé chercher les bouteilles tout de suite.

Cette histoire est la marque d'une personne qui voulait donner de l'amour. Dans ce restaurant, au bout d'un certain temps, je n'ai plus présenté la carte des vins aux clients. Faire cela est possible dans un établissement qui propose des vins à un excellent rapport qualité prix.

Avez-vous toujours un réflexe d'association mets vin lors de vos dégustations ?

Avant oui, j'avais le réflexe. Maintenant, je suis dans un autre

Interview

are appellations from other French regions which are to a certain extent obligatory, like the wines from the *Pays de La Loire*. However, the presence of appellations from this region which one is little used to tasting is a sign of research. This is also true for the Bordeaux wines. If he also discovers wines from Languedoc-Roussillon and other regions, the customer realises that the sommelier has made a thorough search. One should not forget that legislation requires the restaurant to indicate on the list: the name of the wine, its appellation, its millésime and the name of the proprietor.

The absence of the proprietor's name is a very bad sign. There are other details of service which reveal the respect held for wine at a restaurant, for example, a good serving temperature, the passage of the wine into a carafe... but I want to say that one can often find wine lovers in wine bars and smaller restaurants.

The sommelier's job is not very well known, is it?

In the restaurant business, there are three jobs, the cuisine, the dining room, and wine stewardship. If there is confusion in the mind of the boss between the dining room and the wine stewardship, this is a serious mistake.

The *sommelier* is not a wine waiter. To avoid this confusion, the chef must make a team with the *sommelier*. There must be unending interaction between the cooking and the wine stewardship, the *sommelier* always being right behind the chef's ovens!

Can you recall an event which illustrates this relationship?

Yes. It was during the period when I was working for Pierre Lecoutre at the Atlantide. He had prepared a shellfish soup for a party of forty people. He made me come into the kitchen and while presenting me a plate and a glass, he asked me "Normally this dish must go with such a wine, what do you think?"

I tasted the soup. Then I went to look for two wines. After tasting, it was the second wine which went better. The first was too rough, the second was softer. After we had tasted it together he told me

"That's exactly what we need". I telephoned the wine grower then went immediately in search of the bottles. This story is emblematic of someone who was wanting to pass on his love. In this restaurant, after a while, I was no longer presenting the wine list to the customers. Doing that is possible in an establishment which offers wines with an excellent value for money.

Do you always have a mets-wine associative reflex whenever you are tasting?

Before, yes, I had this reflex. Now I am in another situation where my tasting is heading in a particular direction. I apply the filter of my passion and I analyse wines to see if they are sulphurous, if they are chemical, if they linger in

Interview

contexte, je pousse davantage mes dégustations dans un certain sens. J'applique le filtre de ma passion et j'analyse les vins en cherchant s'ils sont soufrés, s'ils sont chimiques, s'ils sont longs en bouche... Je recherche en milieu de bouche la concentration du petit rendement, la minéralité, la fraîcheur, la marque du terroir en rétro olfaction, la pureté du vin.

Le vin, c'est la quintessence minérale du terroir. La différence entre les vins est, pour moi, dans l'utilisation des levures indigènes, les levures du terroir. Nous sommes à une époque où l'on utilise beaucoup de levures sélectionnées, des levures chimiques. Il faut réapprendre le terroir, il faut réapprendre la minéralité ! Il faut apprendre à déguster des vins minéraux. Quand un étranger me demande, par exemple, de lui proposer un Chardonnay, je suis obligé de lui demander lequel, un Chardonnay de Chablis, de Beaune, du Beaujolais, du Languedoc ?

Il ne faut pas choisir un vin en fonction du cépage ?

Non, surtout pas. Le Chardonnay est un cépage qui pousse sur différents terroirs. Dans chaque région, il aura une représentation différente. Le plus important est d'avoir une bonne adéquation cépage-terroir, c'est un peu comme le chef de cuisine et le sommelier. On ne peut pas dire que le vin est d'abord un cépage. Dans ce cas-là, on pourrait produire du Beaujolais, ou du Bordeaux, n'importe où avec du gamay et des levures chimiques. Un vin c'est tout d'abord un vigneron et sa terre.

Revenons à la dégustation, vous disiez que vous analysiez les vins ?

Oui, je les décortique. C'est un plaisir égoïste, j'adore cette sensation de passer plusieurs portes, toutes ces sensations différentes qui arrivent en moi. C'est phénoménal ! Plus j'avance en âge et mieux je décortique. On est toujours en progrès.

La dégustation est un plaisir égoïste, mais que j'aime partager avec mes amis ou à l'occasion des cours de dégustation que j'organise. Tout le monde peut apprendre à déguster le vin, pour arriver à un niveau professionnel il faut compter dix ou quinze ans. Je vais vous donner un exemple de choses que l'on peut arriver à percevoir.

Récemment, un ami vigneron me fait goûter son vin, un vin de table qui pourrait rivaliser avec les plus grands Corton-Charlemagne (un vin de table, encore une idée reçue qui s'envole !). Je goûte donc le millésime 1999.

Je connaissais le 1998, un très grand vin, et là je sentais quelque chose de différent. Cela ne venait ni des levures, ni des rendements. Effectivement, m'a dit le vigneron, le vin a eu chaud pendant l'élevage en barrique.

La dégustation raconte vraiment beaucoup de choses parce que le vin est le miroir de la terre et du vigneron. Le seul fait de respirer

Interview

the mouth... I am searching the middle of my mouth for the concentration of the limited yield, the minerality, the freshness, the sign of the *terroir* in retro olfactory-smelling, the purity of the wine.

Wine is the mineral *quintessence* of the *terroir*. The difference between wines is, for me, in the use of indigenous yeasts, yeasts from the *terroir*. We are in a period where many selected yeasts, chemical yeasts are being used. We must go back to the *terroir*, we must re-learn minerality! We must learn to taste mineral wines. When a foreigner asks me, for example, to suggest a Chardonnay, I am obliged to ask him which one, a Chardonnay from Chablis, from Beaune, from the Beaujolais, from the Languedoc?

Shouldn't you choose a wine based on its grape variety?

Certainly not. Chardonnnay is a grape variety which grows in different *terroirs*. In each region, it will be represented differently. It's most important to have a good grape variety-*terroir* matching, a little like the head chef and the *sommelier*. One cannot say that wine is first of all a grape variety. In such a case, one would be able to produce a Beaujolais, or a Bordeaux, anywhere with Gamay and chemical yeasts. A wine is above all a wine grower and his land.

Lets go back to tasting where you said that you analysed wines?

Yes, I dissect them. It's an egotistic pleasure, I adore this feeling of going through several gateways, all these different sensations which I receive. It's phenomenal! The older I grow, the better I dissect. One is always progressing.

Tasting is an egotistical pleasure, but which I also love to sharing with my friends or during the tasting courses which I organise. Everyone can learn to taste wine, but to arrive at a professional level requires ten to fifteen years. I'm going to give you an example of things which one comes to notice.

Recently, a wine-grower friend had me taste his wine, a table wine which could compete with the greatest Corton-Charlemagnes (a table wine, yet another preconceived notion which is crumbling!). So I tasted the 1999 millésime.

I knew the 1998, a really great wine, and there I felt something different. It came from neither the yeasts, nor the yield. In fact, as the wine grower told me, the wine had become warm while it was maturing in the barrel.

Tasting can really tell you a great deal because wine is the mirror of both the earth and of the wine grower. Just the fact of breathing in a wine enlightens me a great deal, I immediately know if I like it or I do not like it. I do not like wines which immediately go to the head, which have an oily something, a little rubbery, which immediately upsets me. On the other hand, if the wine evokes the marc of the grape, it's the sign of a great wine. Look out, this is not

AT THE RESTAURANT

Interview

un vin m'éclaire déjà beaucoup, je sais tout de suite si je l'aime ou si je ne l'aime pas. Je n'aime pas les vins qui montent tout de suite à la tête, qui ont quelque chose d'huilé, d'un peu caoutchouteux, cela me fait mal tout de suite. Par contre, si le vin sens le marc de raisin, c'est le signe d'un grand vin.

Attention, ce n'est pas une idée reçue, c'est la réalité. Je crois que tout le monde peut apprendre à déguster, à détecter ce qui est mauvais, ce qui est bon.

Le vin est symbole de convivialité mais c'est un peu en décalage avec le monde actuel, comment ressentez-vous le rôle que peut jouer le vin ?

Le vin est pour moi un moyen de se dire qu'il faut arrêter de faire des bêtises. Déguster du vin, simplement en le recrachant, peut remettre les idées en place.

Je ne dis pas boire, je parle de dégustation. Mes sensations sont aussi intenses lorsque je recrache le vin que lorsque je l'avale. Si l'on boit, c'est avec modération et il ne faut pas prendre ensuite le volant !

Oui, déguster me détend. Je pense qu'une personne pressée ne pensera pas à certains détails importants dans le service du vin comme, par exemple, ouvrir la bouteille à l'avance. Je pense que le vin peut être une réponse à ce genre de comportement, un point de référence, un point de dépaysement. Oui, le vin dépayse, il permet de s'évader.

Jean-Charles Botte
www.vindegustationandco.com
www.prelitte.com

Interview

any preconceived notion, it's the truth. I believe that everybody can learn to taste, to detect what is bad, what is good.

Wine is a symbol of conviviality but it's a little out of phase with today's world, what role do you feel wine has to play?

For me wine is a way of telling oneself to stop being stupid. Tasting wine, simply while spitting it out, can put one's ideas back in order. I am not talking about drinking, but about tasting.

My feelings are just as intense when I am spitting out the wine as when I am swallowing it. If one drinks it, it's in moderation and you should not go motoring afterwards.

Yes, tasting relaxes me. I think that someone in a hurry will not be thinking about certain important details for serving wine such as opening the bottle in advance. I think that wine can be a response to this type of behaviour, a reference point, a change of scenery. Yes, wine provides a pleasant change, it enables you to escape.

Jean-Charles Botte
www. vindegustationandco.com
www. prelitte.com

AT THE RESTAURANT

La dégustation

LA DEGUSTATION *148*
Explication 150
L'œil 152
Le nez 154
La bouche 158
Lexiques 160

Pierre Boudry tasting wine

The tasting

THE TASTING 149

Explanations 151
The eye 152
The nose 154
The palate 158
Glossary 160

En remplissant les verres, vous racontez à vos amis votre visite dans la cave de la vigneronne.

La dégustation

Les vacances sont terminées, tous vos amis sont rentrés et les séances de dégustations habituelles, organisées à tour de rôle chez les uns et chez les autres, peuvent enfin reprendre.

Ce soir, il n'y a pas vraiment de thème, c'est plus pour le plaisir de se retrouver et de découvrir de nouveaux vins. Après les retrouvailles, chacun s'occupe d'ouvrir sa bouteille, réclame une carafe, qui va commencer ? Il faut essayer de faire les choses dans l'ordre, les vins blancs puis les vins rouges. Installé autour de la table à nappe blanche, un carnet à portée de la main, on commence la séance par la dégustation de votre vin.

Vous avez apporté une bouteille de Bergerac blanc achetée chez une vigneronnne pendant vos vacances. Tout en remplissant les verres, vous racontez à vos amis votre visite dans la cave de la vigneronne qui a élaboré ce vin blanc sec, issu d'un assemblage de Sauvignon et de Sémillon. Vous leur expliquez ensuite que le millésime a produit de très beaux raisins qu'elle a su vendanger à bonne maturité sans précipitation, que Bergerac est une ville du Sud-Ouest de la France dont les terroirs argilo-calcaires se rapprochent beaucoup des Graves bordelais situés plus à l'ouest.

Chacun se concentre sur ses sensations et après avoir apprécié la belle robe or pâle du vin, portant le verre à son nez, en découvre les premiers arômes. On fait tourner le vin dans les verres, les nez se penchent à nouveau pour respirer les nouveaux arômes révélés par l'aération du vin, les visages se font plus précis.

"Oh! C'est très floral, il y a aussi des notes d'agrumes."

"Citron, il me semble."

Certains notent déjà leurs premières impressions. Après le nez, le vin peut passer maintenant l'épreuve du palais. Chacun prend une petite gorgée, fait tourner le vin dans sa bouche à la recherche des saveurs moelleuses et acides.

"On retrouve bien les arômes du nez !"

"Je suis surpris par son côté un peu acide."

"Oui, la vigneronne recherche la pure expression de son terroir, la grande qualité de ce vin est d'avoir une belle minéralité."

Ceux qui conduisent recrachent discrètement, et à regret, ce premier vin que tous vos amis ont découvert et apprécié, on peut passer à la dégustation des autres vins.

As you fill the glasses, you tell your friends about your pleasant visit to the woman's cellar.

The Tasting

The vacations are over, all your friends are back home, and you are finally able to resume the usual round of wine tastings at each other's houses.

This evening doesn't really have a theme; it's mainly for the pleasure of seeing each other and discovering some new wines. Once you have exchanged the latest news, you each open your bottle and find a carafe. Who's going to start? Let's do things in order: the whites first, then the reds. When you are seated around the table with its white tablecloth, notebooks near at hand, the session begins with the tasting of the wine you brought: a bottle of white Bergerac that you bought from a woman winemaker during your vacation in France.

As you fill the glasses, you tell your friends about your pleasant visit to the woman's cellar, where she produces this dry white wine, a blend of Sauvignon and Sémillon. You go to explain that the vintage produced very fine grapes, which she was able to slowly pick at their peak of ripeness. Bergerac, you say, is a town in southwest France whose terroirs are much like the Bordeaux Graves further west.

Focusing on your individual sensations, you admire the wine's lovely pale gold hue, then bring a glass to your nose to take in its initial aromas. Wine is swirled in the glasses, and noses dip into them again, to breathe in the new flavour released by the aeration. Faces take on definite expressions.

"Oh! Very floral, with some touches of citrus."
"Lemon, it seems to me."

A few people write down their first impressions. After the nose, the wine now faces the test of the palate. Each person takes a small mouthful, swirls the wine around in his mouth, seeking the soft and tart flavours.

"The taste certainly matches the nose, doesn't it?"
"I'm surprised by its slightly acid side."
"Yes, the winemaker is trying for the most perfect expression of her terroir. This wine's greatest quality is its beautiful minerality."

Those who have to drive discreetly - and regretfully - spit out this first wine, which all your friends have now discovered and enjoyed. And you move on to tasting the other wines.

Quelques explications...

- **Dégustation**

    La dégustation est l'art de décomposer, de reconnaître, d'apprécier et de comprendre les impressions complexes que le vin éveille auprès de nos sens. En faisant appel à la vue, à l'odorat et au goût, on étudie l'aspect du vin, ses arômes, ses saveurs, la rétro-olfaction (perception des arômes en bouche par le fond du nez), la persistance gustative.

- **Informations préalables à la dégustation**

    - la méthode de vinification du producteur.
    - la région d'origine, sa situation géographique, ses types de sols, les cépages cultivés, le système d'appellations... la connaissance de la région permet, entre autre, de situer les parfums et les goûts possibles du vin.
    - la qualité du millésime.

- **Dégustation à l'aveugle**

    Dégustation, en général sur un thème donné, de vins sans que les dégustateurs ne puissent voir l'étiquette de la bouteille.

- **Dégustation horizontale**

    Dégustation de différents vins d'un même millésime, provenant en général d'un même domaine, d'une même appellation ou d'une même région.

- **Dégustation verticale**

    Dégustation de plusieurs millésimes d'un même vin, par exemple plusieurs millésimes d'un même producteur.

- **Température des vins**

    La température des vins est un élément clé pour la dégustation. Elle modifie les arômes et les saveurs perçus.

- **La robe du vin**

    La robe du vin est sa couleur.

- **Le bouquet**

    Le bouquet d'un vin est l'ensemble des arômes consécutifs aux soins d'élevage et développés au cours du vieillissement. On distingue les arômes du vieillissement oxydatif, par lente oxydation du vin, et les arômes d'oxidoréduction, évolution du vin à l'abri de l'air (par exemple, dans une bouteille fermée par un bouchon).

Some simple explanations...

- **Tasting**

    Tasting is the art of separating, recognising, appreciating and understanding the complex impressions that wine arouses in our senses. This is the way to study the aspects of the wine, its aromas, its flavours, retro-olfaction (noticing the aromas in one's mouth by the bottom of nose) and lingering tastes, by calling on vision, the sense of smell and taste.

- **Preliminary information about tasting**
    - the vinification method of the producer
    - regional origin, geographical situation, soil types, grape varieties grown, the appellation system... a knowledge of the region enables, among other things, placing the perfumes and tastes possible with the wine.
    - the quality of the millésime.

- **Blind tasting**

    Tasting of different wines from the same millésime, in general coming from the same estate, the same appellation or the same region.

- **Horizontal tasting**

    L'Appellation d'Origine Contrôlée est la classification la plus restrictive-de la législation du vin en France. Viennent ensuite par ordre décroissant de restriction :

- **Vertical tasting**

    Tasting of several millésimes of the same wine, for example several millésimes from the same producer.

- **Wine temperature**

    Wine temperature for wines is a key element in tasting. It modifies the aromas and the flavours perceived

- **The wine's robe**

    The wine's robe is its colour.

- **The bouquet**

    The bouquet of a wine is the entire group of consecutive aromas brought out by maturation and developed during ageing. There are the aromas of oxidative ageing, through slow oxidisation of the wine, and there are the aromas of oxidation-reduction, the evolution of the wine protected from the air (for example, in a bottle closed by a cork).

The eye *L'œil*

OBSERVING *OBSERVER*

- Does one look at a white wine the same way as a red wine?
  Regarde-t-on un vin blanc de la même façon qu'un vin rouge ?
- What kind of light is the best to assess a wine's colour?
  Quelle est la meilleure lumière pour appécier la robe d'un vin ?
- What information does the wine's colour give?
  Quelles sont les informations révélées par la robe du vin ?
- Is there a link between the intensity of the colour and the aromas of the wine?
  Existe-t-il une relation entre l'intensité de la robe et les arômes du vin ?

LIMPIDITY *LIMPIDITÉ*

- How does one examine the limpidity of the wine?
  Comment apprécie-t-on la limpidité du vin ?
- Should a wine be transparent? limpid?
  Un vin doit-il être transparent ? limpide ?
- What is the difference between a cloudiness and a sediment?
  Quelle est la différence entre un trouble et un dépôt ?
- What does the presence of a sediment signify?
  Qu'est-ce que signifie la présence d'un dépôt ?
- What are the criteria to assess the foam and the bubbles of a sparkling wine?
  Quels sont les critères d'appréciation de la mousse et des bulles d'un vin mousseux ?

COLOUR, INTENSITY AND SHADE *COULEUR, INTENSITÉ ET NUANCE*

- Is the colour related to the wine's age?
  La couleur est-elle liée à l'âge du vin ?
- Does the colour give an indication of the stage of its development?
  La couleur donne-t-elle des indications sur l'état d'évolution du vin ?
- Does the colour vary from one grape variety to another?
  La couleur varie-t-elle en fonction du cépage ?

- Does the colour vary from one terroir to another?
  La couleur varie-t-elle en fonction du terroir ?
- Does the colour vary according to the climatic conditions of the vintage?
  La couleur varie-t-elle en fonction des conditions climatiques du millésime ?
- Why is this wine lighter in colour than that one?
  Pourquoi ce vin est-il plus pâle que celui-là ?
- Why does this wine have a gold tinge to it?
  Pourquoi la teinte de ce vin est-elle davantage dorée ?
- Why is the colour deeper in the center of the glass?
  Pourquoi la couleur est-elle plus intense au centre du verre ?

VISCOSITY *VISCOSITÉ*

- What does the viscosity teach us?
  Que nous apprend la viscosité ?
- How is viscosity assessed?
  Comment apprécie-t-on la viscosité ?
- Is the viscosity of the wine related to its alcohol or sugar content?
  La viscosité est-elle liée à la teneur en alcool ou en sucre du vin ?

EXAMPLES OF APPRAISAL *EXEMPLES D'APPRECIATIONS*

- Nice purple colour typical of Syrah.
  Belle robe violette expression de la syrah.
- Nice deep red hue, almost black.
  Robe d'un beau rouge profond, presque noire.
- Light ruby hue with an orange rim.
  Robe rubis clair à bords orangés.
- Cherry-coloured with dark hints and an orange rim.
  Robe couleur cerise à reflets foncés et à bords orangés.
- Deep colour due to oxidation.
  Teinte sombre due à l'oxydation.

THE TASTING

The nose *Le nez*

SMELLING *SENTIR*

- What are the different stages of the olfactory analysis?
  Quelles sont les différentes étapes de l'analyse olfactive ?

- Does each stage give a new fragrances?
  Chaque étape nous révèle-t-elle des parfums différents ?

- What is the importance of the first impression?
  Quelle est l'importance de la première impression ?

- Why should one swirl the wine around in the glass?
  Pourquoi fait-on tournoyer le vin dans le verre ?

- How is the quality of an aroma assessed?
  Comment apprécie-t-on la qualité d'un arôme ?

ORIGIN OF THE AROMAS *ORIGINE DES ARÔMES*

- What is the origin of the wine's aromatic richness?
  Quelle est l'origine de la richesse aromatique du vin ?

- Where do all these aromas originate?
  D'où proviennent tous ces parfums différents ?

- Are some aromas typical to white wines, red wines?
  Certains arômes sont-ils caractéristiques des vins blancs, des vins rouges ?

- Are some aromas typical of young or developed wines?
  Certains arômes sont-ils caractéristiques des vins jeunes ou plus évolués ?

- Can the olfactive analysis give information on the maturity of the grapes?
  L'examen olfactif peut-il donner des informations sur la maturité des raisins ?

- Does each terroir have particular aromas?
  Les terroirs ont-ils des arômes caractéristiques ?

- Does every grape variety have particular aromas?
  Les cépages ont-ils des arômes caractéristiques ?

- What are the typical aromas of this grape variety?
  Quels sont les arômes caractéristiques de ce cépage ?

FAMILIES OF AROMAS *FAMILLES AROMATIQUES*

- What are the various families of aromas?
  Quelles sont les différentes familles d'arômes ?

- Does each stage of a wine's life (fruit, vinification, maturing, ageing) contribute to the wine's aroma?
  Chaque période de la vie du vin (fruit, vinification, élevage, vieillissement) est-elle à l'origine d'une partie des arômes ?

- What are the primary, secondary or tertiary aromas?
  Qu'appelle-t-on les arômes primaires? secondaires ? tertiaires ?

DEVELOPMENT OF THE AROMAS *EVOLUTION DES ARÔMES*

- What are the typical aromas of the oxidation ageing?
  Quels sont les arômes typiques du vieillissement oxydatif ?

- What are the typical aromas of reduction ageing?
  Quels sont les arômes typiques d'oxidoréduction ?

- What is the aromatic development of a wine to keep and a primeur wine?
  Quelle est l'évolution aromatique d'un vin de garde ? de primeur ?

EXAMPLES OF TASTING NOTES *EXEMPLES DE NOTES DE DEGUSTATION*

- Very expressive and complex nose.
  Nez très expressif et complexe.

- Smelling of honey, citronella, orange blossom, linden, rose and vanilla.
  Nez où se mêlent le miel, la citronnelle, la fleur d'oranger, le tilleul, la rose et la vanille.

- Clean and fine bouquet with all the nuances of combined fruit.
  Nez très net et fin où toutes les nuances du fruit se trouvent réunies.

- ✓ Smell marked by ripe fruits.
  Nez où l'on sent la surmaturité du raisin.

- ✓ Fruit drop flavour typical of the Sauvignon grape variety.
  Nez de bonbon anglais caractéristique de cépage Sauvignon.

- ✓ Light green smell typical of this non-destemmed grape variety .
  Nez où pointe une verdeur typique de ce cépage non égrappé.

- ✓ Distinctive aromas of pepper typical of the Cabernet.
  Arômes très nets de poivron typiques du Cabernet.

- ✓ Nice Pinot bouquet with aromas of cherry and cooked fruits.
  Joli nez de Pinot avec des arômes de cerise et de fruits cuits.

- ✓ Intense bouquet with underlying notes of old barrel.
  Nez intense avec derrière des notes de vieille barrique.

acacia, aubépine, œillet, chèvrefeuille, jacinthe, jasmin, iris, fleur d'oranger, rose, lilas, genêt…

levure, mie de pain, brioche, biscuit…

chêne, bois neuf, balsa, pin, cèdre, vanille…

The palate *La bouche*

TASTING *GOÛTER*

- What are the different stages of the gustatory analysis?
  Quelles sont les différentes étapes de l'analyse gustative ?
- Should one swirl the wine around in one's mouth?
  Doit-on faire tourner le vin dans sa bouche ?
- Are all the flavours felt at the same time?
  Les saveurs nous parviennent-elles simultanément ?
- What is a balanced wine?
  Qu'appelle-t-on un vin équilibré ?

SALT FLAVOUR *LA SENSATION SALÉE*

- Is there a salt flavour in wine?
  Existe-t-il une sensation salée dans le vin ?

SUGAR PERCEPTION - MELLOWNESS *LA SENSATION SUCRÉE - LE MOELLEUX*

- What are the constituents that create the sugary taste?
  Quels constituants sont à l'origine de la sensation sucrée ?
- Is sugar the only constituent to give this sweetness?
  Le sucre est-il le seul constituant à donner cette sensation de douceur ?
- Which part of the mouth perceives best the sweetness?
  Quelle partie de la bouche perçoit le mieux la sensation sucrée ?
- Can a dry wine give a sweet taste?
  Un vin sec peut-il donner une sensation sucrée ?

SOUR PERCEPTION *LA SENSATION ACIDE*

- What are the constituents that create the sour taste?
  Quels constituants sont à l'origine de la sensation acide ?
- What part of the mouth perceives best the sourness?
  Quelle partie de la bouche ressent le mieux la sensation acide ?
- How can we appreciate the combination of the sweet and sour tastes?
  Comment apprécie-t-on la combinaison des sensations sucrée et acide ?
- What are the possible combinations and how are they defined?
  Quelles sont les différentes combinaisons possibles et comment les qualifie-t-on ?

BITTER PERCEPTION *LA SENSATION AMÈRE*

- What are the constituents that create the bitterness?
  Quels sont les constituants à l'origine de la sensation amère ?
- Do tannins provoke other sensations in the mouth than bitterness?
  Les tanins provoquent-ils d'autres sensations dans la bouche que l'amertume ?
- Are tannins always bitter at any stage of the wine's development?
  Les tanins sont-ils toujours amers quel que soit le stade d'évolution du vin ?

CARBON DIOXIDE (in still wines) *GAZ CARBONIQUE (des vins tranquilles)*

- Where does the carbon dioxide, sometimes felt on the tongue, originate?
  D'où provient le gaz carbonique parfois ressenti sur la langue ?
- Is carbon dioxide a flaw in wine?
  Le gaz carbonique est-il un défaut du vin ?
- Can carbon dioxide have a positive effect on tasting?
  Le gaz carbonique peut-il avoir un effet positif sur la dégustation ?

EXAMPLES OF TASTING NOTES *EXEMPLES DE NOTES DE DEGUSTATION*

- The entry is elegant, fine and racey.
  Je trouve l'attaque élégante, fine et racée.
- It is very fresh and onctuous in the mouth, this reveals a sweetness perfectly balanced by the acidity.
  En bouche, ce vin a beaucoup de fraîcheur et une onctuosité qui révèle un parfait équilibre sucre-alcool.
- One can identify the inimitable texture of old vines.
  On reconnaît l'inimitable texture des vieilles vignes.
- The palate is marked by the typical acidity of Chenin.
  La bouche est dominée par l'acidité typique du Chenin.
- The style of this wine has the stamp of its terroir.
  Le style de ce vin est marqué par le terroir.
- Ends with a lingering finish.
  La finale est persistante.

LEXIQUE
L'ŒIL

The eye
œil : *eye*
yeux : *eyes*
la vue : *the sense of sight*
apparence : *appearance*
voir : *to see**
regarder : *to look at*
observer : *to observe*

Colour and shade
couleur : *colour (GB), color (US)*
teinte : *shade, hue*
nuance (teinte) : *tinge*
nuance (trace) : *tint*
ton : *shade*
intensité : *depth*
se décolorer : *to fade*
le bord, la frange : *the rim*
le centre : *the centre*
teinte principale : *main colour*
pigments colorants : *colouring pigments*
foncer avec l'âge : *to darken with age, to gain colour with age*

Colours of white wines
incolore : *colorless*
jaune : *yellow*
jaune vert : *yellow-green*
jaune pâle : *pale yellow*
jaune citron : *lemon yellow*
jaune paille : *straw-yellow*
jaune or : *yellow-gold*
jaune doré : *golden yellow*
or cuivre : *gold copper*
topaze : *topaz*
miel : *honey*
fauve : *tawny*
cuivré : *with copper lights*
ambre : *amber*
brun : *brown*
acajou : *mahogany*

Colours of rosé wines
gris : *grey*
blanc cassé : *off-white*
oeil de perdrix : *partridge eye*
rose-violet : *pink-purple*
pivoine : *peony*
cerise : *cherry-red, cerise*
framboise : *raspberry*
vieux rose : *old rose, dusty pink*
fraise : *strawberry*
rose : *pink*
rose orangé : *orangey pink*
rose saumon : *salmon pink*
abricot : *apricot*
orange : *orange*
saumon : *salmon*
brique : *brick red*
pelure d'oignon : *onion skin*
brun : *brown*

Colours of red wines
bleu : *blue*
violet : *purple*
grenat : *dark red*
pourpre : *crimson*
rubis : *ruby*
vermillion : *bright red, vermilion*
cerise : *cherry-red, cerise*
orange : *orange*
fauve : *tawny*
tuilé : *maderised*
acajou : *mahogany*
brique : *brick red*
rouge-brun : *red-brown*
brun : *brown*

Brilliance
brillance : *brilliance*
éclat du vin : *clarity*
lumière : *light*
scintiller : *to glisten*
renvoyer la lumière : *to reflect light*
étinceler : *to glitter*

GLOSSARY
THE EYE

Limpidity

limpidité : *limpidity*
trouble du vin : *cloudiness*
filaments : *filaments*
voltigeurs : *flyers, beeswing*
bulles : *bubbles*
mousse : *foam*
matière en suspension : *suspended matter*
particules dans le vin : *particles in the wine*
flocons : *flakes*
lies : *wine lees (a lie)*
dépôt : *deposit, sediment, crust (heavy sediment)*
fin dépôt : *fine deposit*
cristaux de tartre : *tartrate crystals, wine diamonds, crust*
matière colorante insoluble : *insoluble colouring matter*
en suspension : *in suspension, suspended*

Viscosity

viscosité : *viscosity*
texture : *texture*
fluidité : *fluidity*
glycérine : *glycerine*
larmes : *tears*
jambes : *legs*
jambes prononcées : *pronounced legs*
teneur en alcool : *alcohol content*
teneur en sucre : *sugar content*

The eye in adjectives

rouge clair : *light red*
rouge pâle : *pale red*
rouge vif : *bright red, vivid red*
rouge franc : *pure red*
rouge soutenu : *strong red*
très rouge : *very red*
rouge foncé : *dark red*
rouge profond : *deep red*
grisâtre : *greyish*
verdâtre : *greenish, greeny*
jaunâtre : *yellowish*
bleuté : *bluish*
violacé : *purplish*
rosâtre : *pinkish*
rougeâtre : *reddish*
bourbeux : *muddy*
brillant : *bright, brilliant*
chatoyant : *iridescent*
clair (net) : *clear*
coloré : *coloured*
cristallin : *crystalline*
décoloré : *faded*
éclatant : *bright, vivid*
épais : *thick*
étincelant : *glittering*
fluide : *fluid*
gras : *fat*
intense : *deep*
laiteux : *milky*
lisse, soyeux : *sleek*
lumineux : *luminous*
mat : *dull*
onctueux : *creamy, unctous*
opalescent : *opalescent*
opaque : *opaque*
perlant : *slighty sparkling*
scintillant : *glistening*
sombre : *dark*
sucré : *sweet*
terne : *dull*
transparent : *transparent*
trouble : *cloudy*
visqueux : *viscous, thick*
vif : *vivid*
voilé : *hazy*

LEXIQUE
LE NEZ

The nose

nez : *nose*
l'odorat : *the sense of smell*
narines : *nostrils*
odeur : *smell*
senteur : *scent*
parfum : *fragrance*
arôme : *aroma*
air : *air*
sentir, respirer : *to smell**
sentir, humer, inspirer : *to sniff*
sentir (avec attention) : *to nose*
inspirer profondément : *to inhale deeply*
la mémoire olfactive : *the olfactive memory*
arôme primaires : *primary aromas*
arômes variétaux : *varietal aromas*
arômes secondaires : *secondary aromas*
arômes fermentaires : *aromas derived from fermentation*
arômes tertiaires : *tertiary aromas*
arômes d'élevage : *aromas derived from maturing*
bouquet : *bouquet*
soufre : *sulphur*

The nose in adjectives

altéré : *spoiled*
aromatique : *aromatic*
classique : *classic*
complexe : *complex*
développé : *developed*
discret : *discreet*
douteux : *dubious*
épicé : *spicy*
expressif : *expressive*
faible : *weak*
fade : *dull*
fermé : *closed*
floral : *floral*
fort : *strong*
franc : *pure*
fruité : *fruity*
intense : *intense*
minéral : *mineral*
net : *clean*
neutre : *neutral*
ouvert : *open*
pur : *pure*
sain : *sound*
sincère : *honest*
typé : *typical*
végétal : *vegetal*
vif : *sharp*

GLOSSARY
THE NOSE

Vegetal aromas

anis : *anise*
aneth : *dill*
artichaut : *artichoke*
bourgeon de cassis : *blackcurrant bud*
buis : *box*
cerfeuil : *chervil*
champignons : *mushrooms*
fenouil : *fennel*
feuille morte : *dead leaf*
feuilles séchées : *dried leaves*
feuille verte : *green leaf*
foin : *hay*
fougère : *heather*
herbe : *grass, herb*
herbe fraîche : *green grass*
infusion : *herb tea*
laurier : *laurel*
lentille : *lentil*
lierre : *ivy*
menthe : *mint*
poivron vert : *green pepper*
sauge : *sage*
sous-bois : *forest floor*
tabac : *tabacco*
terre : *earth*
thé : *tea*
thym : *thyme*
tisane : *tisane*
truffe : *truffle*

Flower aromas

floral : *floral*
fleur : *flower, blossom* (d'arbre)
fleurs séchées : *dried flowers*
fleurs blanches : *white flowers*
fleurs printanières : *spring flowers*
fleur fanée : *withered flower*
acacia : *acacia*
aubépine : *hawthorn*
bruyère : *heather*
camomille : *camomile*
chèvrefeuille : *honeysuckle*
eau de rose : *rosewater*
églantine : *wild rose*
fleur de pêcher : *peach blossom*
fleur de vigne : *vineyard blossom*
fleur d'oranger : *orange blossom*
genêt : *broom*
glycine : *wisteria*
iris : *iris*
jacinthe : *hyacinth*
jasmin : *jasmine*
lilas : *lilac*
lys : *lily*
mimosa : *mimosa*
muguet : *lily of the valley*
oeillet : *carnation*
pivoine : *peony*
rose : *rose*
tilleul : *lime*
violette : *violet*

Fruit aromas

fruit : *fruit*
fruité : *fruity*
noyau : *stone*
fruit mûr : *ripe fruit*
fruit vert : *under ripe fruit*
fruit frais : *fresh fruit*
fruits rouges : *red berries*
fruits noirs : *black fruits*
fruits à chair blanche : *white flesh fruits*
fruits à noyaux : *stone fruits*
fruits secs : *dried fruits*
fruits confits : *candied fruits, glacé fruits*
fruits compotés : *stewed fruits*
fruits cuits : *cooked fruits*
fruits exotiques : *exotic fruits*

LEXIQUE
ARÔMES

fruits surmûris : *overripe fruits*
confiture de fruit : *fruit jam*
agrumes : *citrus fruits*
écorces d'agrumes : *lime skins*
baies sauvages : *wild berries*
abricot : *apricot*
abricot sec : *dried apricot*
airelle : *bilberry*
amande : *almond*
amande fraîche : *fresh almond*
amande sèche : *dried almond*
ananas : *pineapple*
banane : *banana*
cacahuète : *peanut*
canneberge : *cranberry*
cassis : *black currant*
cerise : *cherry*
cerise noire : *black cherry*
cerise griotte : *Morello cherry*
citron : *lemon*
citronnelle : *citronella*
châtaigne : *chesnut*
coing : *quince*
figue : *fig*
fraise : *strawberry*
fraise des bois : *wild strawberry*
framboise : *raspberry*
fruit de la passion : *passion fruit*
griotte : *morello cherry*
groseille (à maquereau) : *gooseberry*
groseille (rouge) : *red currant*
groseille (blanche) : *white currant*
kiwi : *kiwi*
litchi : *lychee*
mandarine : *tangerine*
mangue : *mango*
marmelade d'orange : *orange marmalade*
melon : *melon*
mirabelle : *mirabelle, small yellow plum*
mûre : *blackberry*
myrtille : *blueberry*
nectarine : *nectarine*
noisette : *hazelnut*
noix : *walnut*
noix de coco : *coconut*
olive : *olive*
orange : *orange*
pamplemousse : *grapefruit*
papaye : *papaya*
pêche : *peach*
pêche blanche : *white peach*
pêche jaune : *yellow peach*
poire : *pear*
pomme : *apple*
pomme verte : *green apple*
prune : *plum*
pruneau : *prune*
prunelle : *sloeberry*

Herbs and spices aromas

ail : *garlic*
cannelle : *cinnamon*
clou de girofle : *clove*
fenouil : *fennel*
gingembre : *ginger*
girofle : *clove*
goudron : *tar*
laurier : *bay*
noix de muscade : *nutmeg*
poivre : *black pepper*
réglisse : *liquorice*
thym : *thyme*
vanille : *vanilla*

Wood aromas

bois : *wood*
bois fumé : *smoked wood*
bois brûlé : *burnt wood*
bois coupé : *cut wood*
balsa : *balsa*
cèdre : *cedar*

GLOSSARY
AROMAS

chêne : *oak*
écorce : *bark*
eucalyptus : *eucalyptus*
pin : *pine*
résine : *resin*

Roasting aromas
cacao : *cocoa*
café : *coffee*
café grillé : *roasted coffee*
caramel : *caramel, toffee (bonbon)*
chocolat : *chocolate*
fumé : *smoked*
fumée : *smoke*
grillé : *toasted*
moka : *mocha*
pain d'épice : *gingerbread*
pain grillé : *toast, toasted bread*
tabac : *tobacco*

Mineral aromas
mineral : *mineral*
naphte : *naphtha*
pierre : *stone*
pierre mouillée : *wet stone*
pierre à fusil : *flint*
silex : *flint*

Fermentation aromas
ferment : *ferment*
biscuit : *biscuit*
brioche : *brioche*
levure : *yeast*
mie de pain : *breadcrumbs*

Dairy aromas
lait : *milk*
beurre : *butter*
fromage : *cheese*
yaourt : *yoghurt*

Amy aromas
banane : *banana*
vernis : *varnish*

Animal aromas
cuir : *leather*
fourrure : *fur*
gibier : *game*
jus de viande : *meat juices*
venaison : *venison*
viande rôtie : *roasted meat*

Chemical aromas
alcool : *alcohol*
iode : *iodine*
oeuf pourri : *bad egg*
solvant : *solvent*
soufre : *sulphur*
vernis : *varnish*

Candy aromas
bonbon anglais : *fruit drop*
cire d'abeille : *beeswax*
encaustique : *wax polish*
miel : *honey*
pâte d'amande : *marzipan*
praline : *sugared almond, praline*

LEXIQUE
LA BOUCHE

La Bouche
bouche : *mouth*
lèvres : *lips*
langue : *tongue*
palais : *palate*
gencives : *gums*
le goût : *the sense of taste*
goûter, déguster : *to taste*
dégustation : *tasting*
boire : *to drink*
boire à petites gorgées, siroter : *to sip (sipping)*
une gorgée : *a mouthful*
aspirer un filet d'air : *to breathe through the wine*
avaler : *to swallow*
cracher : *to spit*
une saveur, un arôme : *a flavour*
rétro-olfaction : *retroolfaction*
persister : *to linger*
mettre en valeur : *to enhance*
attaque : *attack, entry, fore-palate*
milieu de bouche : *middle palate*
arrière-bouche : *back palate*
arrière-goût : *aftertaste*

finale : *finish*
tanins : *tannins*
texture : *texture*
chair : *flesh*
fluidité : *fluidity*
persistance aromatique : *persistence of flavours, lingering of flavours*
harmonie : *harmony*
équilibre : *balance*
force alcoolique : *alcoholic strength*
longueur en bouche : *lenght in mouth*

Sweetness
le sucré : *sweetness*
sucre : *sugar*
sucré : *sweet*
souple : *supple*
fondant : *mellow*
gras : *fat*
suave : *soft*
onctueux : *onctuous*
lourd : *heavy*
sec : *dry*
brut : *brut, very dry*
demi-sec : *medium-sweet*
doux : *sweet*
moelleux : *mellow, «moelleux»*
liquoreux : *liqueur like*

Acidity
acidité : *acidity*
frais : *fresh*
nerveux : *nervous*
rafraîchissant : *refreshing*
vif : *lively*
vert : *green, under ripe (pas mûr)*
pinçant : *crisp*
aigre : *sour*
acerbe : *acerbic*
agressif : *aggressive*
coupant : *sharp*
ferme : *firm*
sec : *dry*
sévère : *severe*

Bitterness
l'amertume : *bitterness*
amer : *bitter*
sauge : *sage*
gentiane : *gentian*
amande : *almond*
chicorée : *chicory, endive*
endive : *endive*
âpre : *harsh, tart*
goût de bière : *beer flavour*

Saltiness
le salé : *saltiness*
sel : *salt*
salé : *salted*

GLOSSARY
THE PALATE

frais : *fresh*
alcalin : *alkaline*
marin : *sea*

The mouth in adjectives

aqueux : *watery*
agressif : *aggressive*
alcoolisé : *alcoholic*
alcoolisé (faiblement) : *low in alcohol*
alcoolisé (fortement) : *high in alcohol*
ample : *ample*
animal : *animal*
aromatique : *aromatic*
âpre : *harsh, tart*
astringent : *astringent*
austère : *austere*
beau : *nice*
boisé : *woody*
brûlant : *hot*
capiteux : *heady*
charnu : *fleshy*
chaud : *warm*
charpenté : *structured*
chêne (goût de) : *oaky taste*
chimique : *chemical*
classique : *classical*
complexe : *complex*
concentré : *concentrated*
corsé : *full-bodied*
coulant : *smooth*
court : *short*
crémeux : *creamy*
déséquilibré : *unbalanced*
développé : *developed*
discret : *discreet*
dur : *hard*
élégant : *elegant*
épais : *thick*
épicé : *spicy*
équilibré : *balanced*
évolué : *developed*
faible : *weak*
féminin : *feminine*
ferme : *firm*
fin : *fine*
fleuri : *floral*
fluide : *fluid*
fondant : *mellow*
fondu : *polished*
fort : *strong*
frais : *fresh*
franc : *clean*
fruité : *fruity*
généreux : *generous*
gracieux : *graceful*
gras : *fat*
grosse laine (de) : *chunky*
grossier : *coarse*
harmonieux : *harmonious*
immense : *immense*
intégré : *integrated*
jeune : *young*
léger : *light*
long : *long*
lourd : *heavy*
mâche (qui a de la) : *chewy*
maigre : *meagre*
masculin : *male*
merveilleux : *wonderful*
métallique : *metallic*
modeste : *modest*
mouillé : *watered*
mûr (fruit) : *ripe*
mûr (vin) : *mature*
musclé : *muscular*
nerveux : *nervous, crisp*
net : *clean*
noble : *noble*
onctueux : *unctuous*
opulent : *opulent*
parfumé : *perfumed*
pauvre : *poor, lean*
persistant : *lingering*
petit : *little, small*
plat : *flat, dull*
plein : *full*
puissant : *powerful*
qui emplit bien la bouche : *mouthfilling*
racé : *racey*
raffiné : *refined*
rafraîchissant : *refreshing*
rapeux : *grip*

GLOSSARY
A TASTING

riche : *rich*
rond : *round*
rugueux : *rough*
rustique : *raw*
sauvage : *wild*
savoureux : *tasty*
sec : *dry*
séduisant : *charming*
serré : *tight*
sève (qui a de la) : *lush*
souple : *supple*
soyeux : *silky*
stylé : *stylish*
suave : *soft*
subtil : *subtle*
tannique : *tannic*
tendre : *tender, soft*
typé : *typical*
végétal : *vegetal*
velouté : *velvety*
vif : *lively, crisp*
vineux : *vinous*
visqueux : *viscous*

A tasting

dégustation : *tasting*
salle de dégustation : *tasting room*
séance de dégustation : *tasting session*
conduire une dégustation : *to conduct a tasting*
organiser une dégustation : *to organise a tasting*
choix des vins : *wine selections*
dégustation horizontale : *horizontal tasting*
dégustation verticale : *vertical tasting*
dégustation à l'aveugle : *blind tasting*
verre (de dégustation) : *(tasting) glass*
tenir le verre par son pied : *to hold the glass by its stem*
source de lumière : *light source*
éclairage artificiel : *artificial lighting*
lumière naturelle : *natural light*
lumière du jour : *daylight*
température de la salle : *room temperature*
température du vin : *wine temperature*
nom du vin : *name of the wine*
millésime : *vintage year*
table : *table*
nappe blanche : *white tablecloth*
feuille de papier blanc : *white sheet of paper*
pain : *bread*
crachoir : *spittoon*
cracher : *to spit*
«Interdit de fumer» : *«No Smoking»*

Sensations

sensation : *feeling*
impression : *impression*
première impression : *first impression*
ressentir : *to feel*
percevoir : *to perceive*
déceler : *to detect*
exprimer : *to express*
décrire : *to describe*
être séduit (par) : *to be charmed (by)*

BIBLIOGRAPHY
BIBLIOGRAPHIE

Real Wine, the rediscorvery of natural winemaking
Patrick Matthews - Ed. Mitchell Beazley 2000

Le vin en question - Wine in question
Jules Chauvet - Ed Jean-Paul Rocher 1998

Une initiation à la dégustation des grands vins
Max Léglise - Ed. Jeanne Laffitte 1984

La dégustation du vin
Georges Pertuiset - Ed Quintette 1995

La novice et le sommelier
Eric Boschman - Ed La Renaissance du livre 1999

Notes Chez le vigneron

Page 16
*   Les superficies sont exprimées en hectare. Un hectare équivaut à 10000 mètres carrés.
**   Certaines parcelles peuvent être exclues des aires d'appellation si elles ne correspondent pas aux caractéristiques établies par l'INAO.

Page 17
*   La qualité du millésime, la constitution des raisins (en sucre, acidité, tanins, couleur, minéraux), et donc celle du vin, est le reflet des conditions climatiques subies par les raisins.

Page 26
*   On distingue différents stades dans la maturité, par exemple celle des baies et celle des rafles.
**   Date légale d'ouverture des vendanges ou d'autres travaux agricoles.
***   Les vendanges peuvent également être mécaniques, c'est à dire réalisées par des machines.

Page 27
*   Le raisin mûrit au delà du stade de maturité. Le fruit se déshydrate et ses sucres se concentrent.
**   Champignon qui se développe dans certaines conditions climatiques et dessèche les raisins en leur transmettant des arômes particuliers.
***   Les raisins se dessèchent sur pieds.

Page 38
*   Egrappage : destemming, les grains sont séparer des rafles, on dit aussi éraflage.
**   Foulage : crushing, les raisins sont légèrement écrasés.
***   Sulfitage : utilisation d'anhydride sulfureux (Soufre)

Page 39
*   Proportion d'alcool.

Page 40
*   Du jus est pompé en bas de la cuve et reversé sur le chapeau.
**   Le chapeau est enfoncé dans la cuve.

Page 41
*   Le pressurage a lieu dans un pressoir.
**   Marc : ensemble des parties solides, résidues du pressurages.
***   Vin obtenu par les pressurage du marc.
**** Vin qui s'écoule de la cuve au moment de la décuvaison.

Page 42
*   Macération pelliculaire : les grains entiers fermentent sous protection de gaz carbonique, ce procédé favorise l'expression du cépage.
**   Le jus du premier pressurage est appelé moût de goutte parce que le pressurage est si doux que le jus s'écoule presque tout seul, les jus suivants forment le moût de presse.
***   Utilisation d'anhydride sulfureux (soufre).

Page 43
*   Débourbage : élimination des bourbes, particules en suspension dans le moût (morceaux de peau, etc). Le moût peut être débourbé simplement en laissant les particules tomber au fond du récipient, mais il y a d'autres méthodes.

Page 45
* Chaptalisation : apport de sucre dans le moût avant la fermentation pour augmenter le degré d'alcool. C'est une pratique règlementée.
** Proportion d'alcool.

Page 47
* Sucre résiduel : sucre qui n'a pas été transformé en alcool pendant la fermentation.
* En France, la législation soumet les vins de liqueur aux régime des spiritueux .
** Les Vins Doux Naturels sont soumis au régime des vins.

Page 54
* Soutirage : transvasement doux du vin d'un contenant à un autre pour le débarrasser des ses lies qui doivent rester dans le premier. Egalement l'occasion d'une aération du vin si celui-ci en a besoin.
** Bâtonnage : les lies sont remises en suspension en agitant un bâton dans le vin.
*** Ouillage : du vin est ajouté pour compléter les fûts dont du vin s'est évaporé.

Page 55
* Collage : un agent est introduit dans le récipient d'élevage (par exemple du blanc d'œuf ou de l'argile) et entraine avec lui les particules en suspension et l'excès de protéines. Le but est d'éviter la formation d'un dépôt dans la bouteille.
** Filtrage : les impuretés et dépôts sont éliminés du vin en le passant à travers un filtre. Plus pratique que le collage quand l'élevage n'a pas lieu dans de petits récipients.
*** technique artisanale réglementée pour les vins blancs à boire jeune.

INDEX

accords mets-vin • 100 • 101 • 108
agriculture Biologique • 14
A.O.C. • 14
Appellation d'Origine Contrôlée • 14
arômes • 154 • 162
assemblage • 50 • 56 • 57 • 74
assemblage (Champagne) • 58 • 61

botrytis cinerea • 27 • 47
bouquet • 150
bouteille (ouverture) • 122
byodinamie • 14

carte des vins • 122
caviste • 96
cep • 20
cépage • 20 • 23
Champagne • 58 • 60 • 67 • 82
climat • • 22 • 65
collage • 55
complexité • 35 • 112
contenants (vin) • 101
contenants (vinification) • 39
couleur (dégust.) • 152 • 158
cru • 14
cuvaison • 50
cuvée • 50

dégustation • 150
dégustation à l'aveugle • 150
dégustation horizontale • 150
dégustation verticale • 150

débourbage • 43
degré alcoolique • 39 • 45
domaine • 16 • 65

égrappage • 38
élevage • 50 • 52 • 67
encépagement • 17
extraction • 35 • 40

fermentation alcoolique • 36 • 44
fermentation malolactique • 36 • 52
filtrage • 55
foulage • 38

garde • 56 • 88 • 104
grappe de raisin • 20

labour • 23
levures • 36 • 39
levures indigènes • 36
levures sélectionnées • 36
lie • 50
limpidité (dégust.) • 152
lutte raisonnée • 14

macération pelliculaire • 42
macération pré-fermentaire • 40
macération post-fermentaire • 41
maturité • 26
méthode rurale • 58
méthode traditionnelle • 58
millerandage • 82
millésime • 14 • 17

Français

mise en bouteilles • 55
moût • 36
mutage • 47 • 88

ouillage • 54

phylloxéra • 20
pigeage • 32 • 40
pressurage • 36 • 41 • 42
pourriture noble • 27 • 47

règlement (achat) • 64 • 100
remontage • 40 • 32
rendement • 20 • 25
restaurant • 116
rétro-olfaction • 150
robe du vin • 150

saisons • 70
sélection de grains nobles • 88
sélection parcellaire • 34
sols • 22 • 66
sommelier • 122
soutirage • 54
sulfitage • 38

taille • 25
température (vinification) • 35 • 45
température (service des vins) • 150
terroir • 14
topographie • 66
transport (du vin) • 99 • 110

vieillissement • 50

vendanges • 26
vendanges tardives • 27 • 88
vigne • 20 • 22 • 32 • 65
vigne (âge) • 23
vigne (conduite de la) • 22
vignoble • 16
vin blanc • 32 • 42
vin clair • 58 • 84
vin de cépage • 88
vin de garde • 88
vin de liqueur • 47
vin de paille • 88
vin de Pays • 88
vin de soif • 88
vin de table • 14
vin de terroir • 88
vin fortifié • 47 • 88
vin jaune • 88
vin liquoreux • 47
vin (mémoire du) • 50 • 56
vin mousseux • 88
vin nouveau • 88
vin (périodes du) • 56 • 74 • 78
vin primeur • 88
vin rosé • 46
vin rouge • 32 • 40
vinification • 38 • 66
vinification vins rouges • 32 • 40
vinification vins blancs • 32 • 42
vinification vins rosés • 46
viscosité • 153
voyage (du vin) • 99 • 110

INDEX

ageing • 51
alcoholic fermentation • 37 • 44
alcoholic strength • 39 • 45
A.O.C. • 15
Appellation d'Origine Contrôlée • 15
aromas • 154 • 162

blending • 50 • 56 • 57 • 75
blending (Champagne) • 58 • 61
bottle (opening) • 123
bottling • 55
botrytis cinerea • 27 • 47
bouquet • 151
bunch of grape • 21
byodinamics • 15

caviste • 96
cellaring • 56 • 88 • 105
Champagne • 59 • 60 • 67 • 83
climate • • 22 • 65
colour (tasting) • 152 • 158
complexity • 35 • 112
container (wine) • 101
container (vinification) • 39
cru • 15
crushing • 38
cuvaison • 51
cuvée • 51

destemming • 38
domaine • 16 • 65

estate • 16 • 65
extraction • 35 • 40

filtration • 55
fining • 55
fortified wines • 47 • 88

grape variety • 17 • 21 • 23

harvesting • 26

late harvest • 27 • 88
lee • 51
limpidity (tasting) • 152

malolactic fermentation • 37 • 52
matching food and wine • 100 • 101 • 108
maturing • 51 • 52 • 67
millerandage • 83
millésime • 15 • 17
must • 37
mutage • 47 • 88

noble rot • 27 • 47

Organic farming • 15

payment (purchasing) • 64 • 100
phylloxéra • 21
periods of the wine • 56 • 74 • 79
pigeage • 33 • 40
plot selection • 34
ploughing • 23
post-fermentation maceration • 41
pre-fermentation maceration • 40

English

pressing • 37 • 41 • 42
pruning • 25

racking • 54
red wine • 33 • 40
remontage • 33 • 40
restaurant • 117
rétroolfaction • 151
ripeness • 26
robe (of a wine) • 151
rosé wine • 46
rural method • 59

seasons • 70
sélection de grains nobles • 88
settling of the must • 43
skin maceration • 42
soil types • 22 • 66
sommelier • 123
sulphiting • 38
sustained farming • 15

tasting • 151
tasting (blind) • 151
tasting (horizontal) • 151
tasting (vertical) • 151
temperature (serving wine) • 151
temperature (vinification) • 35 • 45
terroir • 15
topographie • 66
topping up • 54
traditional method • 59
travelling with wine • 99 • 111

vin clair • 59 • 84
vin de cépage • 88
vin de garde • 88
vin de liqueur • 47
vin de paille • 88
vin de Pays • 15
vin de soif • 88
vin de table • 15
vin de terroir • 88
vin jaune • 88
vin liquoreux • 47
vin mousseux • 88
vin nouveau • 88
vin primeur • 88
vine • 21 • 22 • 65
vine (age) • 23
vine (training) • 22
vine stock • 21
vineyard • 16
vinification • 38 • 66
vinification (red wine) • 33 • 40
vinification (white wine) • 33 • 42
vinification (rosé wine) • 46
viscosity • 153

white wine • 33 • 42
wine list • 123
wine's memory • 51 • 56
wine retailer • 96

yeast • 37 • 39
yeast (wild) • 37
yeast (selected) • 37
yield • 21 • 25

Achevé d'imprimer par Corlet, Imprimeur, S.A.
14110 Condé-sur-Noireau (France)
N° d'Imprimeur : 56138 - Dépôt légal : décembre 2001

Imprimé en U.E.